FtM《エフティーエム》トランスジェンダーのぼくのことを話そう

Female to Male

Yuki Ezato
江里ユウキ

講談社

FtM《エフティーエム》トランスジェンダーのぼくのことを話そう

Female to Male

目次
Contents

はじめに

ぼくはトランスジェンダーです。

トランスジェンダー（以下トランス）というのは体の性《せい》と心の性が一致《いっち》しない人のことをさす言葉で、体は男性で心が女性の人もいれば、その逆《ぎゃく》の人もいます。

ぼくの場合は体が女性で心が男性です。

トランスとは別に、自分は男性でも女性でもない中性だと感じる人もいるし、そのどれでもないと思う人もいるし、男性のときがあったり女性のときがあったりする人もいますが、それはトランスとは少しちがい、X《エックス》ジェンダーやクエスチョニングと呼《よ》ばれます。トランスというのは心がはっきり男性か女性か決まっている人のことを指すのです。

それって、性同一性障害《せいどういつせいしょうがい》（性別不合）っていうんじゃないの？　と思った人がいるかもしれませんが、性同一性障害というのは医療機関《いりょうきかん》で診断《しんだん》される、診断名です。

つまり、お医者さんのところへ行って診断してもらわない限《かぎ》り、性同一性障害だとは言えないのです。

でもお医者さんに行かなくても自分でなんか違和感《いわかん》がある、と感じたりする人もいます。

そうした人たちが自分を表現《ひょうげん》するために使うのがトランスという呼《よ》び方《かた》なのです。

トランスとして生きるということは、自分の体の認識《にんしき》と実際《じっさい》の体とのちがいと毎日闘《たたか》うということです。

でもそれがどんなふうにつらいのか、ということはなかなかわかってもらえない……。

いろいろな方向があるし、本人だって混乱《こんらん》しているし、同じトランスだからといって、同じことで苦しんでいる、とも言えません。

二十数年生きてきて今言えるのは、今ぼくがわかっていること、知っていることをもっと早く、たとえば小学生のときに知っていたら、これほどつらかったり苦しかったりしないで、もっと楽に生きられたのではないかということ。

だからぼくは、今、自分のことがよくわからなくて不安でモヤモヤしている人に、そういうことを伝えたいと思ってこれを書いています。

「なーんだ、じゃ、自分は関係ないか。」と今思った人もいると思いますが、もしあなたの友だちにそういう人がいたときに、あなたがどういうふうに振《ふ》るまうかはその人にはとても重要なことになりますから、知っておいて損《そん》はありません。

人間だれだって、考えたこともないことをいきなり言われたら動揺《どうよう》します。わからないことは怖《こわ》いですから、怖い、と反応《はんのう》してその人が傷《きず》つくようなことを、うっかり言ってしまったり拒絶《きょぜつ》してしまったりするかもしれません。

あなたにはそんなつもりはなかったとしても……。

言葉は力にもなりえます。

それと同時に言葉は暴力《ぼうりょく》にもなりえます。言葉はナイフと同じように人の心を切《き》り裂《さ》く力があるのです。

自分がぼんやり感じているモヤモヤしたものが、言語化されると、ものすごく楽になります。知識《ちしき》も力です。自分が理解《りかい》するためにも、まわりに説明するためにも、知識と言葉は必要です。


この前ある小学校の図書館で『見《み》えない子《こ》どもたち～LGBT《エルジービーティー》と向《む》き合《あ》う親子《おやこ》～』という トランスの漫画《まんが》を読んだ小学校三年生の子が、「昔の人は大変だったんだね。ぼくたちは授業《じゅぎょう》で習うから知ってるけど。」と言っていた、という話を聞きました。

その子なら、友だちが「ぼく、トランスなんだ。」と言ったときにも怖《こわ》がったり怒《おこ》ったりしないで、「へ～、そうなんだ～。」と言ってくれるでしょう。

人間は何かと比《くら》べないと、なかなか自分が感じていることや立ち位置がわからないものです。

ぼくがこれから書くことは、自分はこうだった、というひとつの経験《けいけん》にすぎません。が、それと比べて、あ、自分はこうだった、こう思ってるんだ、ということがはっきりしてくるかもしれません。

ぼくが書くことが誰《だれ》かの役に立つことを願って、書きはじめることにします。

第1章

臆《おく》病《びょう》な女の子とその人生のはじまり

ぼくは平成のある年の春に三二七〇グラムの元気な女の子として生まれた。

もちろん、両親もお医者さんも、生まれた赤ちゃんが女の子だということを疑《うたが》わなかったので、ぼくには百合《ゆり》というかわいらしい女の子の名前がつけられた。

そのままぼくはすくすくと何も問題なく育ったのだけど、今考えると自分のなかに、自分は女の子だ、という意識《いしき》はなかったと思う。

そういう意識っていったい、いつごろ持つものなんだろう。

自分が男だとか女だとか、どうしてそう思うのだろう?

初めて性別《せいべつ》に対して違和感《いわかん》を持ったのは五歳《さい》のときだった。

青を基調《きちょう》にカラフルな個室《こしつ》と、男子用便器が並《なら》ぶ保育園《ほいくえん》のトイレで、ぼくは前にいた子に続いて男子用便器を使おうとした。

そしたら先生に肩《かた》を抱《だ》かれて「女の子はこっちよ〜。」と個室のトイレに誘導《ゆうどう》されたのだ。

ぼくは「しまった、失敗した。」と思った。ぼくは臆病《おくびょう》で、何かでまちがって大人に怒《おこ》られることをとても恐《おそ》れている子どもだったので、先生の望む行動ができず、しまったと思ったのだ。

女の子は個室《こしつ》のトイレを使う、ぼくは男の子のトイレを使ってはいけない、どうやらぼくは〝女の子〟らしい！

この出来事を通して自分は女の子というものに属《ぞく》するようだということは学んだけれど、それでも自分は女の子なんだ、という実感はなかった。保育園《ほいくえん》の赤組、黄色組、みたいな分け方と同じ感覚でしかなかったと思う。

そのころのうちの保育園のプールはみんなパンツ一丁だったし、トイレも男女共用、まだ男女で分けて設置《せっち》されてなかったし。

トランスの人の子どものころの話で、体と反対の性《せい》の子が好む遊びが好きだった、というのをよく聞く。男の子だけどお人形遊びやおままごと、女の子だけど虫捕《むしと》りや木登り、かけっこが好きだった、みたいに……。反対の性向けのおもちゃをねだるというのも定番だ。

洋服の好みもそうで、女の子だけど泣いてスカートを嫌《いや》がったとか、逆《ぎゃく》に男の子だけどスカートをはきたくて仕方なかったという話もたくさん聞いた。

もちろんそういう人もいるだろうけど、ぼくはそういうタイプじゃなかった。

ぼくの好きなキャラクターは女の子向けアニメの『おジャ魔女《まじょ》どれみ』のおんぷちゃんに『美少女戦士《びしょうじょせんし》セーラームーン』のセーラーマーキュリーだったし、男の子が好きだとされている戦隊物や仮面《かめん》ライダーシリーズ、車のおもちゃとかには全然興味《きょうみ》がなかった。

好きな遊びは鉄棒《てつぼう》・うんてい・三輪車、積み木におままごとで、おもちゃの剣《けん》を持って走りまわる……なんてこともなくて、ピンクのステッキを振《ふ》ってはしゃいでいた記憶《きおく》がある。

キラキラしたものが好きで、おばあちゃんにもらった宝石《ほうせき》のカタログを飽《あ》きずに見ていたし、プロフィール帳も、シール交換《こうかん》も、着《き》せ替《か》えカードゲームも好きだった。

服については、スカートは好きじゃなかったけど、ズボンみたいに見えるキュロットは好きだった。友だちも女の子ばかりだったし、好きなものも女の子寄《よ》りだった。保育園《ほいくえん》でやる演劇《えんげき》の演目がシンデレラだったとき、女の子はほとんどみんなドレスを着ることになったけど、それも嫌《いや》じゃなかった。

ピンクとか黄色が着たくなくて青を選んだくらいで、ドレスそのものに嫌悪感《けんおかん》はなかったのだ。

「百合ちゃんは首が長いからお花をつけようね。」と、女の子っぽい大きな花のアクセサリーをつけてもらったときも、嫌ではなく、むしろ誇《ほこ》らしかった。

それどころか「ママに青が似合《にあ》うって言われたんだよ〜。」と得意《とくい》げにしていたくらいだ。

男の子だって、全員が戦隊物や消防自動車《しょうぼうじどうしゃ》を好きになるわけじゃないんだから、そんなのは当たり前のことなんだけど、男の子のほうが好きなものを好きじゃないからってその子は心が女の子のトランスだ、とは言えない。

それと同じでスカートが好きな男の子がいても、ただ単に〝スカートがはきたいだ

け の男の子〟だってこともあるんだから、その子はトランスだとは言えないよね。

でもそんなふうに好みが中性《ちゅうせい》っぽかったこともあって、自分のことに気がつくのが遅《おそ》くなった、というのはあると思う。

トランスの人のなかにはもっとずっと小さいときから、自分は男だ！　という意識《いしき》がはっきりあって、スカートははきたくない、とか、ピンクや赤の服は着たくない、と強く主張《しゅちょう》した、という人がけっこういるから。

第2章

女の子じゃない！

そういうわけで、あれっ？　と一瞬《いっしゅん》思うときがあったものの、あまり深く考えずにそのまま元気に成長して小学生になった。

でも、保育園時代《ほいくえんじだい》は楽しく問題なく生活できていても、小学校に入学すると男女で分けられることが多くなってきて、なんか変だ、と思うことが増《ふ》えていった。

整列は男女別になったし、トイレもきっちり分けられた。

今とはちがって二年生までは体操服《たいそうふく》の色も赤色と青色で分かれていた。三年生からはデザインの一新で同じになったけど……。

男女で色が分けられることは新鮮《しんせん》で驚《おどろ》きがあった。

赤は女の子のことが多くて、青は男の子のことが多い。

戦隊ヒーローの赤は男の子なのに、学校だと女の子の色で、青だけど水色になると女の子っぽくなる。……なんなんだこれは！　と思った。

保育園時代は別に色にこだわりはなかったのに、小学生になってからは男の子の色である青を選ぶようになった。

絵の具セットや裁縫《さいほう》セットのバッグは、カタログから全部青か水色を選んだ。でも、あくまでも、女の子が選ぶデザインのなかでのセレクトにすぎないのだけど。男の子たちがこぞって選んでいたドラゴンやスポーツメーカーのロゴのデザインは、初めから選ばなかった。

もうそのときには〝女の子なのに〟そんなのを選んだら、絶対《ぜったい》に変だと思われるから嫌《いや》だという意識《いしき》が働いていたと思う。それに特別ドラゴンがほしかったわけでもなかったし。

ぼくはいわゆる〝男の子が好きそうなもの〟が好きなタイプの男の子ではなかったから、余計《よけい》にわかりにくくなったのだと思う。ヒーローにも電車にもまったく興味《きょうみ》がなかったのだから。

だから自分も、親やまわりの大人も違和感《いわかん》を持たなかったのだ。

当時の自分の気持ちを思い出すと、自分でも自分のやってることがよくわかってなくて、それでも変だと思われない範囲《はんい》で、精《せい》いっぱい男の子をしていたような気がする。

「ピンクとか、かわいいのは嫌《いや》だからかっこいいデザインのにする。」

「ハートも嫌だから星にする。」

言語化できない〝嫌〟がたくさんあったけど、自分でもよくわからないから人に伝えようとは思わなかった。

伝えたところで「ピンクやハートのかわいいものが嫌《きら》いな女の子」でしかなかったから、何が変わったかはわからないけど。

ゆいいつ、そして初めて男の子用のものを選べたのはスニーカーだった。小学四年生のときに、当時めちゃくちゃ流行《はや》っていた靴《くつ》のシリーズから、中性的《ちゅうせいてき》だけど男の子用の売り場に置かれていたものを見つけて、これがいい、と言ったのだ。

白を基調《きちょう》に青と赤のラインが入った正真正銘《しょうしんしょうめい》男の子用の靴だった。

「これ買ってほしい。」

とドキドキしながら男の子の靴を持っていった。

「男の子用のやつだよ？」

母と店員さんには念を押《お》されたけど、これがいいと言いはって買ってもらったのを覚えている。

色のほかには一人称《いちにんしょう》にも迷《まよ》った。まわりの女の子は「わたし」「あたし」が多くて、次に自分の名前の子がちらほら……。

保育園《ほいくえん》までは自分の名前を一人称にしていたけど、小学生になってそれを使っている子がぶりっこだと言われてからかわれているのを見て、ほかのやつにしたいと思った。

でも「わたし」や「あたし」は使いたくない。

そんなときに「うちの家来る？」なんてときに使うような雰囲気《ふんいき》の「ウチ」を一人称にするお姉さんたちがテレビか何かに出ているのを見て、これだ！　と思った。

地元の方言で「自分たち」を「うちんた」と言うこともあって、かなり自然に使えた。ということで、ぼくの小学校での一人称《いちにんしょう》はウチになった。

でも、作文のときだけは男の子は「ぼく」を、女の子は「わたし」を使わなければならなかった。

当時、「わたし」という文字をよく書き直していたのだけど、それは「わたし」と書かなければいけないことに、ほんの少しだけ違和感《いわかん》を覚えていたからだと思う。

書き直すのは、「わ」の文字のバランスがとりづらいからだと思っていたけど、それだけじゃなくて、心の葛藤《かっとう》がそこに現《あらわ》れていたのかもしれない。「む」のほうが苦手だったけど、明らかに「わ」のほうを書き直す回数が多かったし。

そんな感じで、漠然《ばくぜん》とした違和感はあったけど、低学年のうちはそれほどでもなかった。

それでも〝女子しか入れないところ〟に行くのは嫌《いや》で嫌で、だからそのころから学校ではほとんどトイレに行ったことがない。

だって、もし君が女の子なら、男子トイレに入るのは嫌《いや》だよね？
もし男の子なら、女子トイレに入れ、と言われたらどう思う？

だからぼくは朝家を出てから帰るまで、トイレには行かないのが当たり前、という生活をしていた。

そうしてトランスの自覚がなかった当時は、学校のトイレに行きたくないのは「潔《けっ》癖《ぺき》ぎみで汚《きたな》いところが苦手だから」だと思っていた。

子どもながらに何か理由が必要だ、と思っていたのだと思う。実際《じっさい》、古い小学校でトイレはきれいではなかったし。

小学校生活が大変になったのは、だいたい四年生くらいからだった。

このあたりで発育がいい子たちは第二次性徴《だいにじせいちょう》がはじまるから、本格的《ほんかくてき》な性教育もはじまる。

そこで、それまでよくわかっていなかった性差について説明されて、ようやくぼくはいろいろなことを知った。

あいかわらず友だちは女の子ばかりで、男の兄弟がいなかったぼくは、身近に男の子というものがいなかったので、男の子に関しては知らないことだらけだった。

性教育《せいきょういく》を受けたことで、今までよくわかっていなかった男女の体の仕組みのちがいをようやく理解《りかい》したぼくは、自分の体は女性の体だと言われるものであって、このあと変わっていくのだ、ということを認識《にんしき》するようになったのだ。

どこどこに毛が生えるとか、そんなことはどうでもいいと思ったけど、やがて胸《むね》がふくらんでくる、ということと、生理とかいうものがやってくる、ということがわかったぼくは混乱《こんらん》した。

股《また》から血が出るって何？

赤ちゃんを育てるためのお部屋の準備《じゅんび》？

経血《けいけつ》？

子宮？

卵巣《らんそう》？

そんなものは自分にはないはずだ。

でも〝女の子〟にはある……らしい。

ということは〝女の子〟の体である自分にもある……ということになる。

ここのところでぼくは本当に混乱《こんらん》した。

生物的な仕組みは理解《りかい》できても、自分の体にないはずのものがある、と言われたことが理解できなかったのだ。

男性器《だんせいき》は目に見えるものだから、それがないことは納得《なっとく》できたけど、外から見えない内臓《ないぞう》は、そこにある、と言われてもあるかどうかわからない。鏡で見てみようかと思ったけど、怖《こわ》くてできなかった。

自分が女の子だという意識《いしき》がないのに、いきなり女の子だからそうなんだよ、ということをつきつけられて、ぼくはこれから起こることが怖くなった。

ある日突然《とつぜん》、自分だと思ってきた体が自分の認識《にんしき》とはちがうものになったのだから……。

そして性教育《せいきょういく》の授業《じゅぎょう》のあとから、ぼくは生理が来ることに毎日おびえることになった。

早い子は四年生くらいからはじまるらしいと聞いて、当時は来ないでくれ、来ないでくれ、と毎日祈《いの》るような気持ちで過《す》ごしていた。

なぜなら生理が来たら、自分の体のなかに子宮というものがある、ということを認《みと》めなければならなくなるからだ。

それはつまり自分が〝女の子〟だということが確定《かくてい》してしまう、ということだ。

だけど証拠《しょうこ》がないあいだはそうだとは、はっきり言えない。

だからまだ大丈夫《だいじょうぶ》だと思いたくて、毎日必死で、来ないでくれ、と願ったのだ。

それはとてもつらい日々だった。

でも、そのときは、怖《こわ》いし、生理が来るのがつらいと思っているのは、ほかの女の子もみんなそうなのだろうと思っていた。

みんな、体の変化に驚《おどろ》くことがあるかもしれないけど大丈夫《だいじょうぶ》よ、と先生が言っていたから。そうか、きっとみんなも怖《こわ》いんだ、とひとりで納得《なっとく》していた。

ぼくは女の子じゃないとは思っていたけど、男の子だ！　という意識《いしき》もなかったから、自分がみんなとちがうかもしれないなんてことは、夢《ゆめ》にも思っていなかった。

だからみんなも怖いなら、と思うと少し安定して、それほどおびえることじゃないかもしれない、と自分に言い聞かせていたのだ。

ぼくがもし、いわゆる〝男の子〟らしいタイプで、戦隊物にはまり、戦うことが好きで、大きくて強いものがいい！　という子どもだったら……、自分は男の子だ！　ということを微塵《みじん》も疑《うたが》わない子どもだったら、まずキュロットははかなかっただろう。

キティちゃんの靴《くつ》も嫌《いや》がっただろうし、女の子の友だちや妹とおままごともしなかったと思う。

髪《かみ》もうんと短くするし、男子に交ざって遊んでただろう。

それに中学の女子の制服《せいふく》は絶対《ぜったい》に着ない……。

だって、スカートだから。


トランスあるあるエピソードに「大人になったらペニスが生えてくると思っていた」というのがあるけれど、ぼくはそんなことは考えなかったし、不思議なことに、自分に男性器《だんせいき》がないことについては全然ショックを受けなかった。

今も男性器がほしいとは思っていないし、つけたいとも思わない。

こういうところは個人差《こじんさ》が大きいのだと思う。

体を手術《しゅじゅつ》してでも完全に反対の性になりたい人もいれば、そこまで求めていない人もいて、自分は何者なのか、ということにも、本来の性にどれだけ近づきたいかにも、グラデーションがある。

だからそういうところは十把《じっぱ》一絡《ひとから》げにして、あなたたちはこうなんでしょう？　と決めつけてほしくないと思う。

大事なのは、本人がどう感じ、どうしたいと思うか、なんだから。

そうしてそう感じる、というのは本人にもどうにもならないことで、変えたいと思っても変えられるわけではない。

ましてや他人がどうこうできるものではないのだから。

第3章

耐《た》えがたい体の変化

そしてぼくは生理がはじまらないまま五年生になった。

五年生は一泊《ぱく》二日の研修合宿《けんしゅうがっしゅく》がある。

その間はみんなと一緒《いっしょ》にいなければならないから、この日に生理がはじまったりしたらどうしようと、合宿の予定を聞いてからの数週間は特におびえていた。

ひたすら「来ないでくれ。」と念じ続けていたのをよく覚えている。生理の子はお風呂《ふろ》がいちばん最後になるので、この子は生理ですよ〜、とわかってしまうのも本当に嫌《いや》だった。

そのメンバーに自分が入るかも、と思うと参加を考え直すレベルだったけど、このときのぼくは真面目に皆勤賞《かいきんしょう》を狙《ねら》っていたからサボることもできなかった。

生理だけじゃなく、みんなと一緒にお風呂に入らなきゃならないのも本当はとても嫌だったから、合宿が中止にならないかな、とも思っていた。

女の子しか入れないところに入るのが嫌だったし、ほかの女の子の体と自分を比《くら》べて同じだったらどうしよう、と怖《こわ》かったのだということが、今ならわかる。

だけどそのときは「はだかを見られるのが恥《は》ずかしいから」だと思っていて、みんなもそう思っているようだったから耐《た》えることができた。お風呂《ふろ》に入ったときは薄目《うすめ》でまわりをよく見ないようにしていた。

今考えたら、生理になっても女の子同士《どうし》は助けあっただろうし、実際《じっさい》自分も友だちが生理だったので気遣《きづか》った。

友だちはあっけらかんと「生理になっちゃった！　お風呂は別だからね～。」と言っていたけど、当時はぼくは生理は隠《かく》さなきゃいけないものだと思っていたし、知られるのは恥ずかしいことだとも思っていたから、あっけらかんと言う彼女《かのじょ》に驚《おどろ》いた。

生理の話すらしたくない状況《じょうきょう》だったぼくは、彼女の言葉にどう反応《はんのう》していいかわからずに、あいまいな返事をしたと思う。

これはぼくだけじゃなく、今の社会でも、女性《じょせい》であっても抵抗《ていこう》のある人は少なくないし、男性はさらにそういうところがあって、生理の話題をあまり表に出すのはよくないことだとされている。

いまだに生理で体調不良になっても自己責任《じこせきにん》とされたり、からかわれたり責《せ》められたりすることもある。これは本当によくないことだと思う。

学校での性教育《せいきょういく》のなかに、こういうことについての話も入れてほしい。子どもって、隠《かく》さなくてもいいんだよ、と言われれば、そうなんだ、と思うし、こういうことを言ったりしたりするのはよくないことなんだよ、と言われれば、そうなんだ、と素直《すなお》に思うんだから。

だからぼくには生理についての話にはあまりいいイメージがなく、学校での出来事にもいい思い出がない。

思い出すのは、クラスメイトの女の子がポーチを持ってトイレに行くと悪目立ちしていたことや、生理用ナプキンを落としてしまった子が男子に「あれ知ってる。女のオムツだろ。」とからかわれたりしていたことだ。

女子間でも生理について話すことはほとんどなかったと思うけど、それはぼくがそういう話題が出そうな女子トイレに行くことがなかったので、聞く機会がなかっただけかもしれない。

あとは学校の図書館で生理についての本を見かけたけど、それを読んでるとバレるのが嫌《いや》で読めなかった。人がいないときを狙《ねら》ったりしたけど、当時は結局一度も読めていない。

すごく読んでみたかった。そういうセクシュアリティーに関する本などに手を伸《の》ばしやすく、必要な知識《ちしき》をいつでも得《え》られるような環境作《かんきょうづく》りが大事だと本当に思う。

生理関連だとほかには、合宿と同じころに親戚《しんせき》の家へ行ったときに、叔母《おば》に「生理来た？」と聞かれたことが強烈《きょうれつ》に印象《いんしょう》に残っている。それはもう本当に強烈に。遊びに行った近所の小学校の校庭で、まるで世間話をするかのように聞かれたのだ。正直なところ「やめてくれ。」と思った。

何かいいことのようにすら話す姿《すがた》が衝撃《しょうげき》だった。自分にとっては恐《おそ》ろしくてならないものを、祝福されるのはかなりキツいものがある。

彼女《かのじょ》が悪いわけではない。一般的《いっぱんてき》な認識《にんしき》として、正しい成長の過程《かてい》である初潮《しょちょう》は喜《よろこ》ばしいことなのだ。

でも、ぼく自身《じしん》も生理を迎《むか》えることを前提《ぜんてい》に話されるのが、たまらなく悲しくて泣き出しそうだった。

「え……いや、まだです……。」といった感じで答えただろうか。

「早く来るといいね。大人の女性《じょせい》になるんだから。」みたいなことを言われた気がするけれど、最初の「生理来た？」の衝撃《しょうげき》でそのあとはあいまいにしか覚えていない。

嫌《いや》で仕方なくて日々怖《こわ》いとおびえているものを、人が喜ばしいことだと言うのを見ると、呆然《ぼうぜん》とせざるをえなかった。その壁《かべ》を越《こ》えられるのが普通《ふつう》で、越えられないと大人になれないのか、試練を乗り越えることで成長して大人になるのかはよくわからなかったけど、自分にはとうてい越えられない気がした。

そして五年生の十一月二十七日、夜十二時十分……。

生理がはじまったことに気づいた。

あまりにもショックすぎて、そのとき見たリビングの時計の針《はり》までまざまざと思い出せる。

混乱《こんらん》して、泣きそうになりながら、

「血ぃ、出た。どうしよう。」

と母に言うと、母は優《やさ》しくナプキンを渡《わた》してきて、

「使い方はわかる？」

と声をかけてくれた。

トイレに座《すわ》って、パンツにナプキンをつけたとき、脱力《だつりょく》して、涙《なみだ》が出た。

漏《も》れそうな嗚咽《おえつ》を止めようとすると、わなわなと唇《くちびる》が震《ふる》えて情《なさ》けなかった。

生理が嬉《うれ》しいことだと思われているなら、泣いていたら母が心配するだろうと思

い、涙《なみだ》をぬぐってトイレから出た。

これは悪い夢《ゆめ》で、起きたらなかったことになっているかもしれないと思いながら無理やり寝《ね》たけど、朝になったらもっとたくさん血が出ていて悪夢《あくむ》は悪夢のままだった。

その日は学校がある日だったから、なんでこんな日に休みじゃないんだと思った。一日中ずっと、ナプキンがズレて経血《けいけつ》が漏《も》れ出《だ》してこないか心配で授業《じゅぎょう》に集中できなかったし、お腹《なか》も痛《いた》かった。

それに、学校でナプキンを替《か》えるのは予想していた何倍もハードルが高かった。生理だとバレたくなかったので、ナプキンを開封《かいふう》するときの音が周囲《しゅうい》に漏れないかビクビクしながらパッケージを開けたし、汚物《おぶつ》入《い》れが気持ち悪くて仕方がなくて、触《さわ》った手を念入りに洗《あら》ったりもした。

トイレには絶対《ぜったい》に行きたくなかったけど、こうなったら行かざるをえない。

二日目以降《いこう》は学校で取《と》り替《か》えるのはできるだけ一回にして、それも教室のある校舎《こうしゃ》とは別の棟《とう》の、人があまり来ないトイレに行くようにした。

すごくビクビクしながら……。

生理用品は見られてはいけないもので、落としたら自分も同じ辱《はずかし》めを受けるんだ、とおびえながら、生理の日は朝からお腹《なか》とパンツの間にナプキンを挟《はさ》んで過《す》ごしていた。そうすればランドセルをあさったりせずそのまま知らん顔でトイレに行けるから。

教室から出て、誰《だれ》も見ていないか確認《かくにん》してから廊下《ろうか》を曲がって、早歩きで別棟《べつむね》へ急ぐ……。

ただトイレに行くだけなのに、めちゃくちゃこそこそしなくちゃいけないのが嫌《いや》だった。

「この時間やタイミングなら人が通らなくて、誰にも見られずにトイレに行ける。」

なんてことは、考えなくていいなら考えたくなかった。

わざわざ毎回人気《ひとけ》のない場所にあるトイレに行くと目立つから、図書館に近いところを選んで、お昼休みに「本返してくる。」と言って使うようにしたり。

図書館のおかげでそこのトイレに自然に行けるのは本当に助かった。といっても毎回本を返しに行くわけにもいかないので、図書委員になって、さらに自然に図書館方面に行く口実を作ったりもした。

生理を肯定的《こうていてき》に受け止められる人は、こんな努力は必要ないのだろうと思うと、少しうらやましい。たぶん、初潮《しょちょう》が来た日や時間まで記憶《きおく》している人なんて普通《ふつう》はいないのだろうと思う。

ほかの人には、ぼくみたいに忘《わす》れられないくらいの衝撃《しょうげき》はなかったんだろうなぁ……。

それに今考えると、学校滞在時間《たいざいじかん》八時間くらいのうち、一回、多くて二回しかナプキンを替《か》えなかったのは健康にも衛生《えいせい》にもよくなかった。

最低でも二時間に一回は替えるのがいいみたいなことを、女の子だけが集められた授業《じゅぎょう》で教えられたけど、漏《も》れなければいいかとナプキンの限界量《げんかいりょう》まで働かせていた。日本のナプキンは優秀《ゆうしゅう》で助かった。

不衛生《ふえいせい》なままにすると、トキシックショック症候群《しょうこうぐん》などの中毒症状《ちゅうどくしょうじょう》が起こることがある（これはタンポン使用の場合だけど）とか、そういうことも教えてくれたらもう少し頻度《ひんど》をあげられていたのかなと思う。

今の学校はそういうことも教えているのだろうか？

そういえば、さっき書いた「女の子だけが集められた授業」も大嫌《だいきら》いだった。女子だけ別の部屋に移動《いどう》しますよ〜、と連れていかれるときは教室に残りたくて仕方がなかったし、ナプキンのサンプル品が全員に配られたときも捨《す》ててしまいたかった。

話の内容《ないよう》も、混乱《こんらん》とその場への嫌悪《けんお》であまり集中して聞けていなかったし、今でもほとんど思い出せないけど、とにかく恥《は》ずかしくて、教室に戻《もど》りたくて、なんだかとても惨《みじ》めだった。

帰ってから、そのサンプルは捨《す》てようと思ったけど、せっかくもらったものをなんでって怒《おこ》られそうだったから、日ごろ使っていない収納箱《しゅうのうばこ》の奥《おく》のほうに押《お》しこんだ。

そうしてこれまた生理痛《せいりつう》が重いタイプだったのがさらに不幸だった。

経血《けいけつ》の量も多く、本当は人よりナプキンを替《か》えなきゃいけないくらいで、期間中は鎮痛剤《ちんつうざい》が手放せないし、診断《しんだん》を受けたことはないけど、今思えばおそらくPMS《ピーエムエス》（月《げっ》経前症候群《けいまえしょうこうぐん》）だった。

生理前になると急激《きゅうげき》に気分が落ちこんで、何もする気が起きなくなったり、涙《なみだ》もろくなって泣いてしまったりすることがあったから。

その上排卵痛《はいらんつう》もあったものだから、子宮関連の痛《いた》みを感じるたびに泣きそうになって、消えてしまいたい気分になった。

女の子じゃないのにお腹《なか》は痛いし、血は出るし、涙も出るなんて、最悪でしょう？

そして生理の開始と同じくらいに、胸《むね》の成長もはじまった。平らなうちは違和感《いわかん》はなかったけど、ふくらみはじめた途端《とたん》、自分の体に嫌悪感《けんおかん》を抱《いだ》くようになった。

そこだけまるで別人で、ぼくの体じゃないように感じたのだ。

発育もいいほうだったようで、走ると揺《ゆ》れて痛《いた》くなるようになった。

胸《むね》がふくらんできたとき、母に連れられて近所の衣料量販店《いりょうりょうはんてん》に行った。

女性用下着《じょせいようしたぎ》のコーナーに向かうのを察して、嫌《いや》な汗《あせ》をかいた。

胸の部分の布《ぬの》が二重になっているキャミソールは前に買《か》い与《あた》えられていて、それですら嫌だったのに、大人の女の人がつけるのと同じ形をした、スポーツブラを前にしてどうしたらいいかわからなかった。

自分はなんでこのコーナーにいて、女の子用の下着を選ばされているんだろう。恥《は》ずかしすぎる、早く帰りたいと思った。

「どれがいい？」と聞く母。

白、淡《あわ》いピンク、水色……、形がいかにも女性用すぎて直視《ちょくし》できなかった。

「どれでもいい……。」と言うぼくに、母は「じゃあこれにしようか。」と、白のものと水色のものを買ってくれた。

ほかにも女性用《じょせいよう》のものといえば、スクール水着は最悪だった。胸《むね》は目立つし太ももは気になるし、お尻《しり》には水着が食いこむし……。

今は性別が目立たない水着ができたけど、当時のスクール水着は女らしさを隠《かく》せなかった！

胸に関しては友だちに大きいと言われたこともあり、目立たせないために自然と猫《ねこ》背《ぜ》になっていった。これは今でも完全には治っていない。

たぶん手術《しゅじゅつ》で乳房《ちぶさ》をとるまで治らないものだったろうし、実際《じっさい》、手術してからは少しだけよくなった。背中を曲げはじめたあのころの自分に、胸をつぶして平らに見せる下着があることを教えてあげられたらな、とつくづく思う。

今はそういう情報《じょうほう》もネットですぐ見られるのかもしれないけど、小学生でインターネットを駆使《くし》するのは今もやっぱり少し難《むずか》しいような気がする。

という感じで、ぼくの小学校生活は生理を筆頭とした第二次性徴《だいにじせいちょう》との闘《たたか》いだった。

生理の存在《そんざい》を知ってから、生理が来るまでも、来てからも、ずっと最悪の状態《じょうたい》……。

生理がはじまってても、初潮《しょちょう》から数年は不安定なうえに、毎回来るな来るな、と念じていたことがストレスになったのか周期がよけいに安定せず、回数が少なかったのはよかった。だけどそれが逆《ぎゃく》にいつ来るかわからない不安にもつながって、やっぱり最悪だった。

自分が女の子だとちゃんと思ってる子たちは、この時期をどう過《す》ごしていたんだろうと考えることがある。

自分の体の変化を友だちや親と喜《よろこ》んだりしていたのだろうか。

だとしたら、それはとても幸せなことだと思う。ぼくは自分の成長を喜べなかったのだから。

第4章

プレッシャー

中学校に入ると、ますます男女で分けられることが多くなった。

制服《せいふく》は当然のように男女別だったし、体操服《たいそうふく》のジャージの色も男女別だった。ただ制服に関しては、スカートは膝下丈《ひざしたたけ》で長かったし、日ごろはみんなジャージ登校で式典のときしかそのスカートをはく必要がなかったので、それほど嫌《いや》だ、とは思わなかった。

今とはちがって、女子にスラックスの選択肢《せんたくし》はなかったから、あきらめている部分もあったのかもしれないけど。選択肢があったとしても、その選択をする子が少数だったら目立つから、ぼくは選ばなかったと思う。

子どものころ母に「青が似合《にあ》うね。」と言われたのがずっと嬉《うれ》しかったので、紺色《こんいろ》のセーラー服のこともそれほど嫌《きら》いじゃなかったのも要因《よういん》かもしれない。

ジャージの色も、男子のジャージがめちゃくちゃダサい青で、女子のえんじ色のほうがまだだいぶマシだったから、こちらもあまり嫌だと感じなかった。

中学校の服装《ふくそう》に関して嫌だった記憶《きおく》があるのは、陸上部の大会用のユニフォームくらいだった。

このユニフォームを見たときは、陸上部に入ったことを激《はげ》しく後悔《こうかい》した。

パンツの丈《たけ》がとても短くて、丸みを帯びてきた太ももが隠《かく》せなかったからだ。めちゃくちゃ嫌《いや》だったから、対抗策《たいこうさく》としてスポーツ用のスパッツをはいてみたりした。

といっても、丈の短さは男女共通だったから、男子用のユニフォームだとしても太ももは隠せなかったのだけど……。

体育の選択授業《せんたくじゅぎょう》も男女で分けられた。そのときは、男女で分かれる授業があることにとても驚《おどろ》いた。

分かれているのは性差《せいさ》で体力や筋力《きんりょく》がちがってくるからだそうで、それはそれで納得《なっとく》した。それに、男子のほうのグループに入りたかったのか、と言われるとそうとも言えなかったと思う。ただ、選択授業が女子はダンスで、男子は剣道《けんどう》・柔道《じゅうどう》だと聞いたときは、ダンスが苦手だから剣道がいいなと思ったけど。

でもそれは厳密《げんみつ》には男女差の問題ではなく、好みの問題だと思う。男子にだって、柔道より踊りたい、と思う人はいただろうから。そういうことはもっと自由になったらいいのにと思う。

さて、問題はあいかわらずトイレだった。

その中学には小学校のように人気《ひとけ》のないところにトイレがなかったので、人がたくさん出入りするところしか使うことができなくなり、とうとう学校でトイレに行くことは、ほとんどなくなってしまった。

ナプキンを一日つけっぱなしの日もあった。生理のはじまっている子もかなり増《ふ》えていて、女子トイレでナプキンを替《か》えるなんて女子には普通《ふつう》のことだから、誰《だれ》も気にとめないはずなのに、ぼくはどうしても行けなかった。

一度行ったときは、今何人入っているかスリッパの数で確認《かくにん》して、隣《となり》の個室《こしつ》が使われていないのを確認していちばん奥《おく》に入った。ナプキンの包装《ほうそう》はゆっくりとペリペリはがしたし、そこにいる間は上から誰か見ているんじゃないか⁉　と無駄《むだ》に警戒《けいかい》していた。

まるでスパイのように……。自分的には難《むずか》しい任務《にんむ》を達成しようとしているといえば、そう言えなくもなかったけど。

ゆいいつ別の場所にあったのが体育館の近くのトイレだけど、教室からはかなり遠いし、そこにわざわざ行けば目立つし、不良のたまり場になってると聞くし、そこは使えなかったのだ。

このときはまだ自覚がなかったからわからなかったけど〝男なのに女子トイレに入って生理の処理《しょり》をしなければならない〟ということに耐《た》えられなかったんだと思う。

かといって、たとえ男女共用トイレがあったとしても、あえてそこを使うというのは難しかった。学生ならわかると思うけど、まちがいなく目立つから……。

だったら、じゃあ学校はそういう生徒に対してどう対応《たいおう》すればいいのか、と聞かれても当事者のぼくにもいまだにわかっていない。

トイレ以外にも、もちろん問題はあった。胸《むね》は大きくなり、体育の時間は小学校のときより走ると痛《いた》いし、はたから見ても揺《ゆ》れているのがわかる。

ほかにも揺れている子がいるから自分もそう見えるのだろうなと思ったし、それを見て男子が何かこそこそと話しているのも嫌《いや》だった。

だから片手《かたて》で体操服《たいそうふく》の裾《すそ》を持ってお腹《なか》のあたりにふくらみを作って走ったりしていた。そうすれば胸《むね》が目立たないから。

体育の授業《じゅぎょう》だけじゃなく、日常生活《にちじょうせいかつ》のジャージ姿《すがた》でも胸が目立つのが嫌で前かがみになってしまうから、どんどん猫背《ねこぜ》になっていった。母に猫背矯正《ねこぜきょうせい》のシャツを買われたりするくらいに……。

あげくのはてに不登校になってしまったのだけど、何が理由かと聞かれても決定的な理由というのは特になくて、性《せい》のことに大混乱《だいこんらん》して収拾《しゅうしゅう》がつかなくなっていたことと、クラスでの人間関係でちょっとしたいざこざがあったこと、小学校より難《むずか》しくなった勉強の行きづまり、あとは家庭環境《かていかんきょう》なんかが積み重なった結果なのだと思う。

特に家庭環境が……。ぼくはそれまでも祖父《そふ》とすこぶる相性《あいしょう》が悪かった。

いや、ぼくだけじゃなくて、家族みんなかも。祖父《そふ》は支配的《しはいてき》ですぐ怒鳴《どな》る人で、父も誰《だれ》も逆《さか》らうことができなかったので、家のなかはいつも緊張《きんちょう》してピリピリしていた。

ぼくと妹を連れて、母が家を出ていこうとすることがあったくらい、家族関係が悪いときもあった。

だから、ぼくはこの家はいつかバラバラになるかもしれない、と不安に思っていたのだと思う。そうして両親が離婚《りこん》したら、自分も捨《す》てられてしまうかも、そしたら大《だい》嫌《きら》いな祖父に引きとられるかもしれないと、いつもおびえていたのだということが今ではよくわかる。

そんななか、たまたま小学一年生のときに硬筆《こうひつ》で市の子ども展《てん》の賞《しょう》をもらい、さらに校内のマラソン大会でも入賞したら家族みんなが褒《ほ》めてくれて、家のなかがすごく和《なご》やかで、いい感じになったことがあった。

だからそれからは毎年、硬筆と書道とマラソンで賞をとるためにがんばるようになった。そうして高学年になったころには、自分のなかでそれはもう義務《ぎむ》のようにすらなっていた。

だから書き初め《かぞ》が廊下《ろうか》に貼《は》り出《だ》されてから金賞《きんしょう》が決まるまではもうずっとハラハラしどおしで、胸《むね》とお腹《なか》の間のあたりに重い球があるような感覚になって、とてもつらかった。

入賞が発表されるまでの数日間は、なんでみんなニコニコしているんだろう。こっちは必死なんだぞ、これをとらなきゃいけないんだぞ、と怒《いか》りさえ覚えていた。

無事に金賞がもらえたときには心の底からホッとしたが、先生はぼくがそんなことを考えているなんて、夢《ゆめ》にも思っていなかっただろう。

マラソンもたまたま足がそこそこ速かっただけで好きなわけでもなく、まわりの子たちが楽しそうに競《きそ》っている順位も本当はどうだってよかったけど、いい成績《せいせき》をとらなきゃいけないと思いこんでいたからとにかくがんばった。

楽しまないでやることはすべて苦痛《くつう》だ。だけどぼくは家族を平和にするためにそうするのが自分の義務《ぎむ》だと思いこんでいたから、必死になってがんばったのだ……。

それに自分ではそのときは気がつかなかったけど、それは表向きの理由で、本当はそうやって価値《かち》のある子どもだ、ということを示《しめ》すことができれば、少しでも捨《す》てられる危険性《きけんせい》が減《へ》る、と思っていたのかもしれない。

中学生になって書道とマラソンがなくなると、自分の価値を示すのに使えるものがなくなってしまった。

部活は陸上部に入ったが、足が速い子が集まる陸上部には自分より上の子がたくさんいたし、勉強も英語と数学がものすごく苦手だったので、いくらがんばっても小学校のときのような優等生《ゆうとうせい》ではいられなくなった。

そんなときにクラス委員長決めがあり、誰《だれ》も立候補《りっこうほ》せず、シーンとした場の空気に耐《た》えられなくなり、手を挙げてしまった。

そういうわけで引《ひ》っこみ思案《じあん》で人の前に立つのが苦手だったくせに、クラス委員長になった。

仕事もわりあい簡単《かんたん》で、できないことはないと思ったからなのだが、やるからには結果を出さなければならないと、これまたかたくなに思いこんでしまい、自分で自分を追いこむようになった。

これも今考えれば委員長というものになって、自分に値打《ねう》ちがあると思ってもらいたかったのだろうと思う。

でもいったい誰《だれ》に？

なんのために⁇

何をしたかったのか……。

今思い返せば本当に滑稽《こっけい》だと思うけど、そのときは本当に必死だったのだ。

もっとも不良と言われている子たちとたくさん話して仲良くなって、彼《かれ》らが教室に来てくれるようになり、一緒《いっしょ》に授業《じゅぎょう》を受けられるようになったときはとても嬉《うれ》しかったから、委員長になったのも悪いことだけではなかったけど……。

でもやっぱり性格的《せいかくてき》にあまり向いてないのだから、相当無理をしていたのだと思う。学年の前で発表するときなんかは、何日も前からものすごく緊張《きんちょう》した。

二年のときには、クラス委員長をやりたいけどまわりに推薦《すいせん》してもらいたいなぁ〜！　という感じの子がいたのに、ぼくが委員長になってしまったことがあって、そこからその子のグループの子たちから陰口《かげぐち》をたたかれるようになった。

そうした日々のあいだにも、ぼくは体の急激《きゅうげき》な変化に翻弄《ほんろう》され、それに対応《たいおう》するだけでいっぱいいっぱいになり疲労困憊《ひろうこんぱい》していたので、陰口をきっかけに、まわりの声がすべて自分を嘲笑《あざわら》っているんじゃないかと思うようになった。

自分がどれくらい女の子らしく見えてしまうか、という心配にプラスして、まわりの人がみんな自分を悪く思っているんじゃないかと思うようになってしまったのだ。

疲労は余裕《よゆう》のなさとして部活で現《あらわ》れた。

部活でも先輩《せんぱい》との関係が少しよくなかったので、それを跳《は》ね返《かえ》して参加するだけの力がなかったぼくは、部活に行けなくなり、いわゆる幽霊部員《ゆうれいぶいん》になった。

正々堂々《せいせいどうどう》ボイコットする！　という度胸《どきょう》はなくて、仮病《けびょう》を使った。

足が痛《いた》いと言って休み続けたのだ。ちなみにこれは小学六年生のマラソンの授業中《じゅぎょうちゅう》にも使ったことがある。本当は大嫌《だいきら》いなマラソンがつらすぎて、途中《とちゅう》で走れなくなってしまったのだ。

あのころ、楽しみながら走れたら、部活もマラソンの授業ももっと楽しくできたのに。

第5章

引きこもって

そんなこんなで次第《しだい》にぼくはまわりの声や視線《しせん》に耐《た》え切《き》れなくなった。

そして中学二年生の二月、ついに学校に行けなくなってしまったのだ。

登校時間になってもぼくが部屋から出てこないので、見に来た母に「学校に行きたくない。」と何度も繰《く》り返《かえ》した。

父もやってきて、どうしたんだと聞かれたけど「学校に行きたくない。」としか言えなかった。自分の気持ちや状態《じょうたい》を説明できなかった。

どうして行きたくないのかを尋《たず》ねられ続けたのだが、自分でもよくわからないものを答えられるわけがない。どうにか言えたのが「精神科《せいしんか》に行きたい。」というセリフだった。

両親の動きは素早《すばや》かった。あっという間にぼくは母と最寄《もよ》りの大きな精神科のある病院に行くことになり、そこで鬱病《うつびょう》と診断《しんだん》された。

そうしてそこの先生がぼくには休養が必要だと言ってくれたおかげで、ぼくはようやく学校には行かずにすむようになった。

不登校になったら、生活がものすごく快適《かいてき》になった。

誰《だれ》の目も気にせず自宅《じたく》のトイレにいつでも行けるようになったし、四六時中自分がまわりにどう見えているのかとか、体のラインとかをいちいち気にしなくてよくなったのがすごく快適だった。

そのおかげで、ふだんそういうことにどれだけ神経《しんけい》をすり減《へ》らしていたかにようやく気がついた。

当時のぼくはつねに自分の体の違和感《いわかん》と闘《たたか》っていて、それだけで疲《つか》れ切《き》っていたので、他者との関わりで生じる部分の問題がなくなっただけでもとてもありがたく、心の底からほっとした。

結局中学二年生の冬から卒業までの一年と少しの間、ぼくは不登校のままだった。

ぼくはもともと臆病《おくびょう》で、大人に怒《おこ》られるのが大嫌《だいきら》いで、いつもいい子でいたかったから、ずっとまわりを気にしていた。

祖父《そふ》がとても怖《こわ》い人で、家では誰も逆《さか》らえなかったことから、言いたいことや嫌《いや》なことも全部、自分のなかに抑《おさ》えこむ癖《くせ》がついてしまっていた。

そのぶん、今自分はどう感じているのか、とか、自分は今どうしたいのか、みたいなことを感じる力が育ってなかったのだと思うし、主張《しゅちょう》する力も未熟《みじゅく》なままだったのだ。自分の意見を言うと、怒鳴《どな》られたから……。

ぼくがもっと、いわゆる〝男らしい〟タイプだったら、「そんなの知らん！」と言い返し、五歳《さい》くらいでもう「スカートなんて絶対《ぜったい》はかない‼」と泣《な》き叫《さけ》び、「女の子となんて遊ばない！」と言ったかもしれないし、「男の子と一緒《いっしょ》に野球やサッカーをやるんだ！」と断固《だんこ》主張したかもしれない。

そんな子どもだったら、自分は女じゃなくて男なんだ、という自覚ももっと明確《めいかく》で早かったのかもしれないが、あいにくぼくはそういうタイプじゃなかったので、自分がいったい、何をどう感じているのか、ということに気がつくだけですら、こんなに時間がかかってしまったのだ。

学校に行けなくなってどうなったかというと、初めのうちは本当に、ひたすらひたすら寝《ね》ていた。今考えると、当時のぼくはくたくたに疲《つか》れ切《き》っていて、単純《たんじゅん》に休養が必要だったのだと思う。

起きていると体と心の不一致《ふいっち》がつらいから、寝ていたのかもしれないけど……。寝ているうちは何も考えなくていいし、夢《ゆめ》を見ているあいだは幸せな気分でいられたから。ぼくは夢を見るのが大好きで、実際《じっさい》よく見るほうだと思う。

夢を見ているあいだは魔法《まほう》の時間だ。

夢のなかと現実《げんじつ》はまったく別物だから、夢のなかでは女の子ではない理想の自分にだってなれる。

しばらくして少し動けるようになると漫画《まんが》を読んだり、ゲームをしたりもできるようになった。ネットゲームにもハマった。

そしてこのネットゲームがある意味、転機になった。

ゲームをするときには男のキャラクターを選んでプレイしていた。

男のほうがキャラデザインが好みだったとかではなくて、あまり考えず、なんとなくこっちがいいなと思って選んでいただけだったのだけど、そのゲームで、ある言葉を知った。

オカマとかオナベとかはあまり使わないほうがいい言葉だけど、「ネカマ」という言葉がぼくに新しい知識《ちしき》をくれた。

ネット上でのオカマという意味で、男性《だんせい》が女性キャラクターを使って女性になりきっていることを指す。その反対は「ネナベ」で、つまりぼくは知らず知らずのうちにネット上のオナベであるネナベをやっていたことになる。

そこから「オナベ」って何？　となり、どうやらトランスジェンダーで、女から男になりたい人のことらしいというのがわかり、FtM《エフティーエム》という言葉にたどり着いた。

FtMというのは「Female《フィーメイル》 to《トゥー》 Male《メイル》」（女性から男性へ）の略《りゃく》で、トランスジェンダーのうち、女性の体なのに男性の意識を持っている人のことだ。

この言葉を見たときに、初めて、もしかしたら自分はこのFtMというやつなのではないか？　と思った。

そうして、大好きだったあるドラマのことを思い出した。

小学生のときに放送されていた『ラスト・フレンズ』というドラマで、そこに岸本《きしもと》瑠《る》可《か》という人が登場していたのだが、ぼくの目にはとにかくその人がかっこよく映《うつ》った。

こんな人になりたい！　と憧《あこが》れた。

短髪《たんぱつ》でボーイッシュ、男勝《おとこまさ》りな性格《せいかく》でヒロインを守るかっこいい女の人だけど、じつは性同一性障害《せいどういつせいしょうがい》という悩《なや》みを抱《かか》えている、というキャラクターだった。

当時はかっこいい！　と思うと同時に、何かモヤモヤとして引っかかっている気がしていたのだが、その理由がここでわかった。

ああ、あれは自分のことだったから、なんかソワソワして見ていたんだ。

でも岸本さんもまわりに打ち明けられてなかったし、それを理由に脅迫《きょうはく》さえされていたから、無意識《むいしき》にそれはよくないことなのだと思い、罪悪感《ざいあくかん》と居心地《いごこち》の悪さを感じていたんだ、と……。

ただ、決定的にちがったのが、岸本さんは女性《じょせい》が好きで、好意を向けているヒロインを守る役だったことだ。

でもそれまでのぼくの恋愛対象《れんあいたいしょう》は明確《めいかく》に男の子だった。

初恋《はつこい》は小学校低学年のころ、通学班《つうがくはん》で自分の世話を担当《たんとう》してくれたお兄さんだったし、高学年で好きだったのも男の子、中学で気になった子も男の子だった。

男が好きなら男……じゃないよね？　となり、あれ、おかしい、じゃあやっぱりちがうんだ、とここでまた違和感《いわかん》が打ち消され、ふりだしに戻《もど》ってしまうことになる。

よく、なんでそんな大きくなるまでわからなかったの？　と聞かれることがある。

というのも、人によっては五歳《さい》くらいから明確にわかる人がけっこういるからだ。

もともとマッチョなタイプじゃなかったことに加え、恋愛対象が男の子だった、ということがぼくの自覚を遅《おく》らせた最大の要因《よういん》だった。

ＦｔＭ《エフティーエム》ではないんだ、と思ったあと、おかしなことに、ぼくは家のなかでは女の子の服を過剰《かじょう》に着るようになった。

ミニスカートに、ロングスカート、デコルテを強調させる服……。色もそれまでは青系《あおけい》や黒ばかり着ていたのに、明るい女の子らしい色を選ぶようになった。

十年近くたった今になってなんとなくわかってきたのだが、あれはたぶん自己防衛《じこぼうえい》だったのだと思う。

当時、ゲイとかレズビアンとかいう言葉はもうみんな知っていた。

そういう言葉すらなかった時代の人たちは、自分がなんなのかわからなくて本当に苦しかったと思う。

でもそれとは別に、オカマとかそういうよくない呼《よ》び方《かた》をするときがあった。

ドラマでは脅迫《きょうはく》されて迫害される存在《そんざい》だったし、オナベはほとんど聞かないけど、オカマはテレビでからかわれたり、笑いものにされていたから、そんなのと同じであるはずがないと、反動で過剰に〝ちゃんとした女の子〞になろうと思ったんじゃないか、と思う。

ぼくはそういう種類の人間ではない。

〝ちゃんとした女の子〟になれば、ちゃんと大人になれる……。ちゃんと大人になって、ちゃんと仕事について、ちゃんと子どもを産んで、ちゃんと、ちゃんと……。

自分がなんなのかわかりかけたことで逆《ぎゃく》に混乱《こんらん》し、中三のとき精神《せいしん》が不安定になった。

そして十五歳《さい》のとき、自殺未遂《じさつみすい》を起こした。きっかけは本当にささいなことだった。

というか、きっかけはなかったと言ってもいい。

成長するごとに道がどんどん細くなり、いつしか綱渡《つなわた》りしてきたのが限界《げんかい》になり、ついに足を踏《ふ》み外《はず》したのだ。

突然《とつぜん》、「あ〜、なんかもう自分っていらないな。」と思ってしまったのだった。

そうして深夜、洗面所《せんめんじょ》で持っているだけの精神薬《せいしんやく》すべてと、咳喘息《せきぜんそく》の薬や頭痛薬《ずつうやく》、手元にある薬をありったけ全部飲んだ。

どのくらいあったのか……。百錠《じょう》を超《こ》えてからは覚えていない。

これだけあれば死ねるだろうと漠然《ばくぜん》と思っただけだった。致死量《ちしりょう》とか、そんなのを考えられる状況《じょうきょう》ではなかったから。

「あ〜、これで死ねる。」

と思ってベッドの上で眠《ねむ》りに落ちるまでの時間は、それまでの人生でいちばん満たされた、素晴《すば》らしい至福《しふく》の時間だった。

けれどもぼくは安らかには死ねなかった。

翌朝《よくあさ》は普通《ふつう》に目覚めた。一見何も異常《いじょう》はないようだったが、立ち上がると、一瞬意《いっしゅんい》識《しき》が飛んで、次の瞬間には床《ゆか》に倒《たお》れた。

自殺《じさつ》がいけないことなのはよくわかっていたし、家族を傷《きず》つけると思ったし、怒《おこ》られるのが怖《こわ》かったから助けは呼《よ》べなかった。

立ち上がれるようになるまで、体調不良と言ってずっと寝《ね》て隠《かく》し通《とお》した。トイレに行くときだけ這《は》って移動《いどう》した。

だから家族はたぶん、このことを知らない。

自殺未遂《じさつみすい》をしたあと、あんなに満たされた気持ちだったのが漠然《ばくぜん》と怖《こわ》くなった。

死は救済《きゅうさい》だと本気で思ったあのときの自分を思うとゾッとする。よく考えたらあの幸福感は、ただ単に薬の影響《えいきょう》だったのかもしれないと思うけど……。

あとに残ったのは正常《せいじょう》な判断《はんだん》ができない状態《じょうたい》になる怖さだけだった。

だからぼくは二度と自殺はしない、と今は思う。

いろいろありつつ、自分が何者なのかわからず、混乱《こんらん》したまま、ぼくは中学を卒業し、全寮制《ぜんりょうせい》の、それも女子寮に入ることになってしまったのだった。

第6章

新生活のはじまり

中学までは義務教育《ぎむきょういく》だけど、中学時代が終わってしまえば、次はどうすればいいのか、という話になる。中学を卒業して、ぼくは住んでいるところから遠い場所にある高校に進学した。

というのも、不登校の期間が長かったので内申点《ないしんてん》が足りず、地元にあるどの高校にも進学できなかったのだ。夜間も通信制《つうしんせい》もアウトだった。

そこで、不登校の生徒を積極的に受け入れている高校を母が探《さが》してきてくれて、入学することになった。

見学した感じ、そこなら一年のブランクがあっても勉強も大丈夫《だいじょうぶ》そうな雰囲気《ふんいき》だったし……。

その学校は家から片道《かたみち》三時間かかる、共学の全寮制《ぜんりょうせい》の学校だった。祖父《そふ》とは相変わらず仲が悪かったので、家から離《はな》れられるのもなんとなくいい気がして、そこに決めた。

なぜ女子寮？　とよく聞かれるのだが、当時は鬱状態《うつじょうたい》でぼーっとしていて、物事を深く考えることができなかったので、性別《せいべつ》のことまで気が回っていなかったのだ。

「純白寮《じゅんぱくりょう》……。」

さて、入学式当日、寮の前に立ったぼくは、ドンッと存在《そんざい》を主張《しゅちょう》する寮名の看板《かんばん》に、あらためて驚《おどろ》いた。

見学に来たときはチラッと見ただけで何も考えなかったのだが、いかにも「清楚《せいそ》な乙女《おとめ》たちが生活している寮です！」って感じの寮名なのだ。

あぁ、女の子の寮に来たのだなぁ、としみじみ思った。

新入生の列について寮に入る。

案内された部屋がまたすごかった。十六人の大部屋で、百五十センチくらいのパーテーションでふたり分ずつスペースが区切られていた。見学したときはぼーっとしていたので、そんなもんか〜と思っていたけど、本当にここで生活するとなるとすごいところに来てしまったと思った。

区画には名前の書かれた画用紙が貼《は》ってあり、かわいくデコレーションされていた。入り口から見て奥《おく》から二番目のところにぼくの部屋はあった。

そこには優《やさ》しそうな人がいた。

「三年生の高木《たかぎ》です。よろしくね。」

この学校にはシスター制度《せいど》というものがあって、ひとりひとりに決まった先輩《せんぱい》がついて面倒《めんどう》を見てくれるのだが、高木先輩がぼくと同室なのだそうだ。

「江里百合《えざとゆり》です。よろしくお願いします。」

優しそうな人で本当によかったと安心したし、実際《じっさい》そのあと、この先輩にはとても世話になった。この人がいなかったら、ぼくは寮生活《りょうせいかつ》そのものに挫《くじ》けて、早々に学校を去っていたかもしれない。

収納《しゅうのう》のしかたや、ベッドメイキングなんかを教えてもらって、気づけば夜になっていた。

そこでやってきたのが、入寮初のお風呂《ふろ》イベント！

「お風呂行くよ～。お風呂セットの用意できてるかな？」

お風呂《ふろ》に行く？　えっ？　一緒《いっしょ》に入るの⁉　と混乱《こんらん》しながら、お風呂セットを持って先輩《せんぱい》のあとについていくと、脱衣所《だついじょ》には女の子がうじゃうじゃ！

女子寮《じょしりょう》なのだから考えたらあたりまえなのだけど、銭湯《せんとう》とか、そういう裸《はだか》になる系《けい》のイベントをこれまでできるだけスルーしてきたので、仰天《ぎょうてん》した。

でも先輩が服を脱《ぬ》ぎだしたので、自分もそれに続いた。めちゃくちゃ恥《は》ずかしくて、嫌《いや》だったけど、ここで異様《いよう》に嫌がったりするのは入学早々浮《う》くよなあ……と思って、まわりのことはできるだけ見ないように、目を細くしてがんばった。

その様子を見て先輩は「最初は恥ずかしいよねぇ。」と笑って言ってくれ、それを聞いて誰《だれ》もが通る道なんだと少し安心したりもした。

そこは一度に二十人くらいは楽に入れる大きさのお風呂で、シャワーの使い方はこうだとかいろいろ教えてもらったり、一緒に大きな湯船につかったりして、無事に終えることができた。少し混雑《こんざつ》しているときの浴槽《よくそう》は芋洗《いもあら》い状態《じょうたい》って感じで面白《おもしろ》かった。

ふたたび脱衣所《だついじょ》で着替《きが》えたが、ドライヤーの数が四つと限《かぎ》られていて並《なら》ばなければならず、待っているあいだは暇《ひま》になるので、目を細めていてもまわりの女の子たちが目に入ってくることになる。

一年生はみんな恥《は》ずかしがっていたが、二、三年生は堂々《どうどう》としている。たくさんの女の子たちがセクシーな下着やかわいい下着を着て談笑《だんしょう》するのを見て、あー、本当にここは女子寮《じょしりょう》なんだな、と思った。

それが初日でいちばんインパクトのある思い出だ。

次の日の朝は寮内放送ではじまった。先に起きていた先輩《せんぱい》が優《やさ》しく起こしてくれて、ジャージに着替えて外に集合するのだと教えてくれた。外に出て、部屋順に整列する。そうすると、寮にいるほとんどの人間がそこに出てくることになるので二百人くらいが集まった。ここにはこんなに女の子が住んでいるんだ……とあらためて驚《おどろ》いた。

いつもなら朝の体操《たいそう》をするらしいのだが、最初ということで、点呼《てんこ》をとったあと、部屋に戻《もど》って初登校の準備《じゅんび》をする流れになった。

ちゃんと制服《せいふく》を着られているかとか、先輩《せんぱい》がチェックしてくれた。首元はリボンかネクタイが選べたので、迷《まよ》わずネクタイを選択《せんたく》。結び方を教えてもらって無事制服を着ることができた。

そこであらためて思ったけど、この制服、スカートの丈《たけ》が短い。

中学生のころは膝下《ひざした》まであったのに、ここは膝上丈で、なんとなく嫌《いや》だったけど、短いものは伸《の》ばせないので仕方なくそれで登校した。

校舎《こうしゃ》には全校生徒が入れる大きな食堂《しょくどう》があって、先輩や、同じ部屋の人たちと朝ご飯を食べた。

味は可《か》もなく不可もなくといったところ。食事を終えると、先輩が一年生の教室まで案内してくれた。

「がんばってね。」と送り出されて入った教室は、シーンとしていた。なんとなく雰《ふん》囲気《いき》が硬《かた》くて暗い。

ホワイトボードに貼《は》られた座席表《ざせきひょう》を見て、ひとまず席に着く。新しい環境《かんきょう》が苦手なぼくはめちゃくちゃドキドキしながら、入ってくる人を観察した。

わかったのは、どこにでもいる、底抜《そこぬ》けに明るくてテンションの高い子がひとりもいなかったことくらいだ。

全員がそろったあと、担任《たんにん》の先生が入ってくると、場に張《は》りつめていた緊張感《きんちょうかん》が解《と》けた気がした。やたらテンションの高い、ポジティブな初老の先生だった。

この先生のおかげで、その後のぼくの高校生活はいい方向に向かうのだが、もちろんこのときはまだそんなことはわからない。

学校がはじまって最初のうちは、自己紹介《じこしょうかい》とか教科書の配布確認《はいふかくにん》とか、そういうことが山積みでそれを処理《しょり》するだけで精《せい》いっぱいだった。

少しして「学級委員長を決める」ことになったのだけれど、当然誰《だれ》も手を挙げない。

「……はい。」

知らない人間ばかりのところで誰《だれ》だってそんなことやりたくないよな……と思いながら、学校特有の沈黙《ちんもく》の時間というものに弱いため、耐《た》えられなくなって、ぼくは手を挙げた。

ほぼ同時にぼくより少し遅《おく》れて手を挙げた女の子がいたので正直その子にやってほしかったのだけど、ぼくに決まってしまった。

ということで高校生活序盤《じょばん》で、ぼくの呼《よ》び名《な》は委員長になる。でも性別《せいべつ》がわからないこの事務的《じむてき》な呼び名をぼくは気に入った。それに委員長になったからといってやることはあまりなかったので、特に問題はなかった。

そこは不登校の生徒ばかり集めたクラスだったので、英語の授業《じゅぎょう》はアルファベットからだったりと、どの教科も初歩的なことばかりからはじまった。ブランクの少しあった勉強にもすぐ慣《な》れることができた。

起床《きしょう》、朝食、学校、夕食、自習、入浴という暮《く》らしのルーティンにも慣れ、一息ついたころ、学園祭があるという話を担任《たんにん》から聞かされた。

なんでも、新一年生の生徒が寮生活《りょうせいかつ》でがんばれているところを保護者《ほごしゃ》に見せるための催《もよお》しらしく、一年生は全員で校歌を歌うのだという。

そこからは毎日、終礼《しゅうれい》で校歌の練習、寮でも集会のあとに練習、がはじまった。

これがただ歌うだけなら小・中学校と変わらないのだが、ここでは全力で歌わせられるのだ。めちゃくちゃ大声で……。

先輩《せんぱい》たちのお手本はホントにすごくて、ほぼ叫《さけ》んでいるような人もたくさんいた。

軍隊みたいだ……と思い、少しビビった。

中学生のころなんて校歌をちゃんと歌ってるのは最前列に並《なら》ぶ委員長とか真面目な子くらいで、みんな全然歌わないか、てきとーに歌ってて。だから何度もやり直し……なんてこともあったから、校歌ってこんなに真剣《しんけん》に歌うものなのかとビックリした。

歌詞《かし》カードが配られて、覚えるまではよかったけど、覚えてからはもう手抜《てぬ》きが許《ゆる》されなくなって、校歌ひとつ歌うだけなのにみんなすごく真剣《しんけん》にならざるをえなくなり、妙《みょう》な謎《なぞ》の結束力も生まれた。

たぶんそれが学校の狙《ねら》いなんだろうけど……。

部屋に帰ると先輩《せんぱい》たちが「卒業式で歌う応援歌《おうえんか》はもっとやばいよ。」と教えてくれてちょっと引いた。あの校歌以上のものがあるなんて……。

学園祭は五月上旬《じょうじゅん》に開催《かいさい》された。それに向けての準備《じゅんび》や、当日の進行は実行委員の先輩たちが引き受けてくれるということで、一年生はリハーサルで指定された場所につく練習を何回かしたりするくらいで、当日もすることはなくて、ただ渾身《こんしん》の力で歌う校歌を発表するだけだったのだけど、みんなドキドキしながら各々《おのおの》の家族を待っていた。

学園祭がはじまると、この一か月で一年生はこんなことをしました、がんばりました、というのが発表されて、その最大の成果として校歌を発表するという流れだった。

その校歌発表をした学園祭には母も来てくれたが、全員が全力で歌う姿《すがた》に圧倒《あっとう》され「がんばってるなぁ。」と思ったそうだ。

自分でも家で引きこもっていたころに比《くら》べて、家を出てしっかり学校生活を送っている姿を見せることができて嬉《うれ》しかった。

不登校になって少し後ろめたく思っていたことが、なんとなくなくなったような気がした。

という感じで、ぼくの高校生活のスタート兼不登校脱出《けんふとうこうだっしゅつ》を一か月後に母に見せることができ、本当の意味での再出発《さいしゅっぱつ》となったのだった。

そうしてその間にクラスの人たちとも仲良くなれ、みんないろんな理由があって、ここに来たのだということを知った。

いじめや、不登校、人間関係や家庭の環境《かんきょう》……理由は本当にさまざまだった。この学校は一学年四クラスあって、不登校の原因《げんいん》なんかによって振《ふ》り分《わ》けられる。

ぼくがいたのはあまり活動的でなく、静かな子が集められたクラスだった。

いじめられて学校に行けなくなってしまった子や、理由がわからないまま不登校になってしまった子など、みんないろいろなことを抱《かか》えているせいか、変に相手のことを探《さぐ》ることもなく、今思い出しても、相手を尊重《そんちょう》する空気感がとてもよかったと思う。

ほかのクラスには学校に行くのをボイコットしていた子とか「行けない」じゃなくて「行かない」を選択《せんたく》していたパターンの子がいたりして、活発なクラスもあったようだ。

第7章

違《い》和《わ》感《かん》たちの正体

学園祭を無事終えて六月になった。

入学して二か月たって、淡々《たんたん》と日々をこなせるようになってきたころ、人生で初めての恋人《こいびと》ができた。

同じクラスの男の子だった。

席が近く、仲よくなってメールアドレスを交換《こうかん》して、いろいろなことを話していくうちに距離《きょり》が縮《ちぢ》まっていき、付き合うことになった。

付き合う前も付き合ってからも、男の子はきっとこんな子が好きだろうなと思い、メッセージではかわいらしいふわふわキラキラした絵文字を使ってみたり、できる範《はん》囲《い》に〝かわいい〟をこめてやりとりをしていた。

好きでいてもらいたいと思っていたから、きっとこういう子が一般的《いっぱんてき》に好かれるだろう、彼《かれ》は好きだろう、という想像《そうぞう》の女の子になりきって……。

そう、なりきっていたのだ。苦痛《くつう》ではなかったし、それはそれで楽しかったけど、ありのままの自分ではなかった。

たまにある帰省のときにはデートをした。彼《かれ》はぼくを大事にしてくれた。歩くときは車道側にいてくれたし、水族館のチケットはおごるからって言ってくれたし、手を握《にぎ》ったときもそっと。まぎれもない女の子扱《あつか》いだった。

それが嫌《いや》だったわけじゃない。嫌じゃないけど、嬉《うれ》しいけど、でもなんかちがった。

何がちがうんだろうと悩《なや》みながら日々を過《す》ごしていたら、そんなことなんて吹《ふ》き飛《と》ぶことがやってきた。「来週からプールの授《じゅ》業《ぎょう》がはじまるから準《じゅん》備《び》するように」というお知らせが配られたのだ。

プール！

それはぼくが学校でいちばん嫌《きら》いな授業！

通っていた中学はプールの授業がなかったからすっかり忘《わす》れていたけど、この学校では夏の体育といえばプールなのだ。しかも室内プールだから雨で中止とかもない……。絶望的《ぜつぼうてき》だ。

ぼくはスクール水着が大嫌《だいきら》いだった。胸《むね》もお尻《しり》も太ももも強調されるあの最悪のデザイン……。

小五くらいから胸が出てきて、それが目立つのが嫌《いや》だったし、お尻に少し食いこむのも嫌で、めちゃくちゃ気になって、頻繁《ひんぱん》に食いこんでいないか確認《かくにん》して直していたのをよく覚えている。

最後に着たのは小学校六年生のときだったけど、もう二度と着なくていいものだと思っていたから、かなり焦《あせ》った。

本当に本当に着たくなくて、すごく悩《なや》んで、どうしたらいいかわからなくなってパニックになった。そんなことで？　と思うかもしれないけれど、ぼくにとっては死活問題だったのだ。

それでどうしようとなったとき、T《ティー》先生のことが頭に浮《う》かんだ。T先生は女子寮《じょしりょう》の寮監《りょうかん》のひとりで、なんとなくこの手の繊細《せんさい》な話題を出しても対応《たいおう》してくれそうな気がする人だった。

「先生。プールに入りたくないんです。どうしても入りたくないんです。」

「そう。何か理由があるのか、聞いてもいい？　嫌《いや》なら大丈夫《だいじょうぶ》。」

「その……自分はもしかしたら性同一性障害《せいどういつせいしょうがい》？かもしれなくて。水着は女の子の体型《たいけい》が強調されるし、女の子用のスクール水着を着たくないんです。」

「そうなんだ。それは嫌だよね。わかった。先生から体育科に話をしてみるね。」

簡潔《かんけつ》にするとこんなやりとりだったと思うけど、泣きながらで伝わりにくかったと思う。それでも先生はティッシュを差し出して、背中《せなか》をさすりながら聞いてくれた。

その何日かあと、「話は通しておいたから大丈夫だよ、安心して。」と言われてまた泣きそうになった。

本当にうまく伝えてくれたのだろう。体育の先生からは特に追及《ついきゅう》されることもなく、みんながプールで泳いでるときに、ぼくは職員室《しょくいんしつ》でレポートを書くことで単位を手に入れた。

しかしこのスクール水着問題が解決《かいけつ》しても、本質的《ほんしつてき》な問題はこれで終わりとはならなかった。この出来事を通して〝自分は性同一性障害《せいどういっせいしょうがい》かもしれない〟と口に出したことで、今まで持っていた数々の疑念《ぎねん》が確信《かくしん》に変わりはじめたのだ。

心のなかでぼんやり思っているだけなら、なんとか押《お》し殺《ころ》すことができていたけど、一度音にして外に出してしまうと、なんというか、固体になった、「性同一性障害」という文字にガンと殴《なぐ》られたようだった。

するとその途端《とたん》、今までの大小さまざまな違和感《いわかん》が一気に襲《おそ》いかかってきた。

小さなころに男子トイレを使おうとしたこと、青色ばかり選んでいたこと、男の子用の靴《くつ》を欲《ほ》しがったこと、自分のことを「わたし」と言えなかったこと、女子トイレに入れなかったこと、自分の体の変化についていけなかったこと、胸《むね》が大きくなるのが嫌《いや》だったこと、生理が怖《こわ》かったこと。彼《かれ》と付き合って、でもなんかちがうなと感じていたこと……。

こういうことの全部が全部、自分は女の子じゃないから、女の子になりたくなかったからだ、ということに気づいたのだ。

そうすると、急にみんなで入るお風呂《ふろ》がダメになった。女の子しか入れないところに入って、何も問題なく受け入れられてしまうことや、自分と同じ形の裸体《らたい》に囲《かこ》まれることが嫌《いや》になった。

でもお風呂に入らないなんてできない。だからこれも先生に相談したのだけれど、二百人近くいる寮生《りょうせい》のなかでひとりだけ特別扱《とくべつあつか》いすることはできないと言われてしまった。それはそうだと思った。

かといってお風呂が嫌だからって理由で学校をやめるわけにもいかない。だからしょうがなく、また同じように我慢《がまん》してお風呂に入ることにした。

そのあたりで何日か調子を崩《くず》してしまった。そのとき、不思議な感覚に襲《おそ》われて、突然《とつぜん》自分を斜《なな》め後《うし》ろから見ている感じになったのをよく覚えている。

幽体離脱《ゆうたいりだつ》みたいな、自分が自分でないような、このまま体から離《はな》れてしまうような感じがして、とても怖《こわ》かった。あとから調べたら、それは強いストレスを感じたときに現《あらわ》れる症状《しょうじょう》らしいことがわかった。

それくらい、自分は男なんだ、という自覚は大きな衝撃《しょうげき》だったのだと思う。

そうしてあとから考えると、ぼくはそのときに心を少し殺《ころ》したのだ。

だってそのままじゃここで生活できないし、学校をやめるという選択肢《せんたくし》はなかったし、ここでやっていこうと思ったのならそうするしかなかったから。

それでなんとか生活は元に戻《もど》せても、自覚してしまったことを忘《わす》れることはできない。

そうしてぼくは両親に手紙を書いた。

『お父さん、お母さんへ
お元気ですか？　自分はあまり元気じゃありません……。

今日は知ってほしいことがあって手紙を書いています。

自分はもしかしたら、性同一性障害《せいどういっせいしょうがい》なのかもしれないと、最近気づきました。

女子トイレが嫌《いや》で、プールが嫌で、体の変化も嫌で、その理由が今までわからなかったけど、最近わかりました。

女の子じゃないから嫌《いや》だったんだと思います。

これが変だってことはわかっています。だけどどうしようもなくて……。

こんな子どもでも、許《ゆる》してくれますか？

ごめんなさい。』

カミングアウトは直接《ちょくせつ》会ったときに、自分の言葉でしようと思っていたけど、うまく言葉が出ない気がして、先に手紙で伝えたいことを送った。

この手紙を書いたときは、正直とても怖《こわ》かった。もし受け入れてもらえなかったら居場所《いばしょ》がなくなってしまうし、勘当《かんどう》？なんてされてしまったらどう生きていけばいいんだろう？　って。

生来のマイナス思考も重なって、受け入れてもらえるだろう！　とかどうにかなるだろう！　とは考えられず、どうしてか本当に悪い方向にしか想像力《そうぞうりょく》が働かなかった。

それまでに見たことのあるセクシュアルマイノリティーの人たちはいつも迫害《はくがい》され

ていたり、笑われたりしていたから。

きっとそれまでに得《え》ていたセクシュアルマイノリティーに関する知識《ちしき》が圧倒的《あっとうてき》に足りていなかったからだと今ならわかる。

第8章
セクマイ

手紙を送ってから初めての帰省。

緊張《きんちょう》で吐《は》きそうだった。

「話したいことがあるんだけど……。」

なんとなくちゃんとしたほうがいい気がして、正座《せいざ》をする。

「手紙……読んでくれた？」

読んだよと母は言い、父はうなずいた。

「書いたとおりなんだけど……、まだよくわかってなくて、でもたぶん自分は性同一《せいどういつ》性障害《せいしょうがい》なんだと思う……。」

視界《しかい》がにじむ。

ぼくは昔から自分の感情《かんじょう》を表現《ひょうげん》するのが苦手で、特に本音を言うときはひどく緊張して涙《なみだ》が出てしまうのだった。

五歳《さい》のときから違和感《いわかん》があったこと、体の変化がつらかったこと、今女子寮《じょしりょう》に住んでいるのもつらくて学校をやめることも考えたこと……思いついた順にすべて話した。

静かに聞いてくれた両親は、わかったと言ったあとにこうも言った。

「思春期の迷《まよ》いみたいなものじゃないの……？」

悲しかった。涙《なみだ》が止まらなかった。

急に理解《りかい》しろと言われても難《むずか》しいことはわかっていたのに、否定《ひてい》されたような気になって悲しくなったぼくはこう返してしまった。

「なんでちゃんと産んでくれなかったの。」

「生まれてこなきゃよかった。」

ひどいことを言ったと、今でも後悔《こうかい》している。でもそのときは本気でそう思ったし、消えたかった。

泣きながら、どれだけつらくて生きづらいかを並《なら》べ立《た》てた。押《お》しこめてきた不安や不満があふれ出て止められなかった。

「お父さんたちは、性同一性障害《せいどういつせいしょうがい》のことをよくわかってないから、これから知っていきたい。」

八つ当たりみたいなぼくの訴《うった》えも、最後までちゃんと聞いてそう言ってくれた。

「これだけひとつ言えるのは、元気に生きててくれるだけでいいってことだ。」

そうも言ってくれた。

その言葉や態度《たいど》にぼくはとても安心した。自分がトランスでも、そのままでもいいんだと少しだけ思えたから。

手紙を出してからカミングアウトの日まで、何を言われるんだろうとビクビクしていたけど、想像《そうぞう》していたような悪いことは何も起こらなかった。

両親は言葉どおり、思春期によくある迷《まよ》いだとかそう思って、まだあまりぼくの話を信じていなかったのかもしれないけれど、勘当《かんどう》とかそんなことにはならなかった。

自覚するとセクシュアルマイノリティー（以下セクマイ）の雰囲気《ふんいき》というものが出てくるのだろうか？　それとも自分の意識《いしき》が変わったからだろうか？　同じようなセクマイの子たちと仲良くなった。

最初は誰《だれ》がセクマイかなんてわからなかったけど、セクマイ特有のセンサーみたいなのがあって、そのセクマイセンサーでこの子もそうだろうなとか、この子なら大丈夫《だいじょう》夫《ぶ》そうだなというのがわかるようになってきたので、試《ため》しにトランスの子が出てくる小説を貸《か》したりして、リアクションを見たりしてみた。

自分と同じかそれに近いＦｔＭ《エフティーエム》なんじゃないかなという子もいたし、レズビアンかもしれないという子もいれば、中性《ちゅうせい》だと思っているという子もいて、寮《りょう》のなかには驚《おどろ》くほどたくさんのセクマイがいた。

今まで通ってきた小中学校にはいなかったのに。いや、ひとりだけいたかな？　でも関わりはなかったし、よく覚えていない。とにかく今まではそれくらいの遭遇率《そうぐうりつ》だった。

でも本当はみんな隠《かく》していて（言えなくて）わからなかっただけかもしれない。

今は十人にひとりはセクマイだと言われているし、実際《じっさい》この学校にもびっくりするほどたくさんのセクマイがいたのだ。

セクマイは思《おも》い悩《なや》んだり、まわりの環境《かんきょう》が自分を受け入れてくれる状態《じょうたい》じゃなかったりして、ときには自己否定《じこひてい》をしなければならないから不登校になりやすい傾向《けいこう》にあるのだろう。

なんと男女四十人弱のクラスに女子寮《じょしりょう》メンツだけで四人もいた。小中学校では出会えなかったセクマイがたくさんいた。なんてすごい場所なんだと驚《おどろ》き、なんだか嬉《うれ》しく思った。

女子寮であることはさておき、そんな環境はセクマイであることを自覚した身にはとても快適《かいてき》な場所だった。仲間を見つけて、ひとりじゃないと思えたことはとても嬉しいことだった。

自分がセクマイだと自覚せず会うのと、自覚してから会うのとでは雲泥《うんでい》の差《さ》がある。寮で出会った仲間たちが、ぼくが初めて出会ったセクマイなんだと思う。

このセクマイ友だちがどうやってできたかというと、はじまりはA《エー》ちゃんがぼくにそっと教えてくれたことから。

Aちゃんは自分はレズビアンかもしれないのだと教えてくれた。

それまでの自分は正直セクマイについては、トランスのことも最低限《さいていげん》しかわかっていなくて、レズビアンというのは女の人を好きになる女の人でよかったっけ？　とぼんやり思う程度《ていど》の知識《ちしき》しかなかった。

そのうちにAちゃんの友だちのB《ビー》ちゃんが、自分は女ではないんだけど男になりたいわけでもないんだ〜と教えてくれた。中性《ちゅうせい》ってやつ？　くらいの認識《にんしき》で、それをX《エックス》ジェンダーというのも当時は知らなかった。

知らなかったけど、みんな性のことで悩《なや》んでいて、そこは同じだった。お互《たが》いのことを詳《くわ》しくはわからないけれど、同じ悩みを持つ人が近くにいるのはとても心強いし、安心できた。

このクラスには相手を尊重《そんちょう》し、肯定《こうてい》しよう、という雰囲気《ふんいき》があった。それはほかでは得《え》がたい空気で、それに、かけがえのないものだった。

セクマイが出てくる本の貸《か》し借《か》りをしたり、彼女《かのじょ》の今まで好きになった子はみんな女の子なんだって話を聞いたり、セクマイについて得《え》た情報《じょうほう》を交換《こうかん》したり、そういうことができたのはぼくにとって大きな救《すく》いだった。

FtM《エフティーエム》であることを自覚して、まわりに理解者《りかいしゃ》もできて、自分は男であるという意《い》識《しき》がだんだん強くなっていった。

そうすると、恋人《こいびと》との関係も自分のなかで変わりはじめた。かわいらしい女の子を演《えん》じるのが苦痛《くつう》になってきたのだ。

かわいい絵文字を使ってメールするのも嫌《いや》になった。演じることに疲《つか》れてきた。女の子として好かれるのはちがうなと思うようにもなった。ありのままの自分で彼《かれ》に向き合うことができないのも嫌になってきた。

次第《しだい》に、この気持ちで付き合い続けるのは不誠実《ふせいじつ》なのではないかと思うようになって、恋人と別れる決断《けつだん》をした。

馬鹿正直に、「自分はトランスジェンダーだと思うから、女の子として好かれるのはちがうと思ってしまった。」という旨《むね》のことをメールで伝えた。

対面で伝える勇気はなかった。どんなことでも本音を話そうとすると、いつも涙《なみだ》が出てしまうから。

彼《かれ》はすんなりと「わかった。」と言ってくれ、その後ぼくがトランスだと言いふらすこともしなかった。それはとても幸運なことだったと思う。

だいたい半年くらい続いた関係はそうして終わりをむかえたが、この恋《こい》はぼくのトランスとしての自覚をとても深めてくれた。

長かった髪《かみ》も二年生で短髪《たんぱつ》にした。中学校ではバレー部以外は女子が短髪にしているとおかしい、と言われる雰囲気《ふんいき》だったからできなかったんだけど、ここでは大丈夫《だいじょうぶ》だろうと思いきって切ってみた。

ボーイッシュを通《とお》り越《こ》したベリーショート……。

まわりの女の子たちの反応《はんのう》は上々で、かっこいいと言ってくれる子もいて、ここでは自分の思う性《せい》を表現《ひょうげん》していいのだ、と思えた。

第9章

自分を知る

そんなある日、転機が訪《おとず》れた。

なんの興味《きょうみ》もそそられない、古い本がただずらっと並《なら》ぶだけの埃《ほこり》っぽい書庫のようだった学校の図書館を改装《かいそう》することになったのだという。

全国の学校図書館を改装して回っている人がいるのだと、国語科の先生が教えてくれた。

当日、図書館に現《あらわ》れたのは派手《はで》な髪《かみ》の女の人だった。

学校の先生とか、司書さんとか、そういう感じではない人。

その先生が新しい図書館に入れてくれた本は、多種多様だった。

卒業した小学校は校内にふたつも図書館があるところだったけど、それとも全然ちがう。

最新のものから、古い名作まで、いろんな本があった。今までの学校図書館には伝記と日本の歴史《れきし》と『はだしのゲン』くらいしか漫画《まんが》がなかったけど、ほかの漫画もたくさん入った。

写真集みたいな綺麗《きれい》な図鑑《ずかん》、おしゃれな本棚《ほんだな》、ふかふかのラグにかわいいぬいぐるみ。こんな図書館があってもいいんだとととても感動した。

そしてそこに入った本のなかにLGBTQ+《エルジービーティーキュープラス》に関する本があったのだ。LGBTQ+とは、典型的《てんけいてき》な男性《だんせい》・女性ではないと感じる人の頭文字《かしらもじ》をとった言葉でセクシュアルマイノリティーを表す総称《そうしょう》だというのもこのときに知った。この学校には堂々《どうどう》とそういう本を読める雰囲気《ふんいき》があったので、そうしてぼくはようやくLGBTQ+について正しい知識《ちしき》を得《え》られた。

各セクマイの名称はもちろん、体の性とは別に、心の性（性自認《せいじにん》）、性的指向があることを知った。

性自認というのは、体とは別に心の性を自分がどう認識しているか、ということ。

性的指向は恋愛感情《れんあいかんじょう》や性的な関心の対象《たいしょう》がどのような性別に向いているか、または向かないかを示す言葉だ。

ここで、ぼくは体の性は女で、性自認は男、性的指向は男性だとわかって自分を明《めい》確《かく》に定義《ていぎ》できるようになり、とてもすっきりした。

それがハッキリしたことで今までの「体は女で男性《だんせい》が好きだけど、男として男性を好きになるから同性愛者になるってなんなんだ！」という頭のなかがこんがらがる謎《なぞ》みたいなものが解決《かいけつ》した。

トランスと同性愛は両立するのだ！

心は男でも体は女なのだから、男性と付き合うのは、はたからは自然に見える。

それに、男性に愛されるのだから問題はないと思われるかもしれないけど、ぼくは男として男性に愛されたい。それがおかしいことではないとわかって嬉《うれ》しかった。

本との出会いで自分が何かわからないという不安は解消され、この世にはセクマイに関する本がたくさんあることも知った。それからはそういう本をとにかく読みあさった。

図書館に新しく入れる本選びをまかされていたので、セクマイ友だちと、関連の本を探《さが》してたくさん入れた。

セクマイ本の世界は広かった。漫画《まんが》も小説もたくさんあって、同じように悩《なや》んできた人の体験談や、同性婚《どうせいこん》の実録本など、知らない世界が無数にあった。

そのなかでいちばん衝撃《しょうげき》だったのは、性転換手術《せいてんかんしゅじゅつ》を受けにタイに行った人のレポートだった。「本当に体って心の性に寄《よ》せられるんだ⁉」

何度も読んでいたお気に入りの小説にそんな描写《びょうしゃ》があって、手術の存在《そんざい》は知っていたけど、本当にできるんだと驚《おどろ》いた。

それと同時に、やっぱり体を心に寄せるしか一致《いっち》させる方法はないのかと悲しくなったりもしたけど。

第10章

そのままではいられない

男になると、全寮制《ぜんりょうせい》の学校には居場所《いばしょ》がなくなってしまうというのもあるし、そんな感じでいろいろ情報《じょうほう》を得《え》て、自分のことも明確《めいかく》に定義《ていぎ》できるようになったが、「一《いっ》刻《こく》も早く手術《しゅじゅつ》して男になるぞ！」とは意外にもならなかった。

たぶんその当時の女子寮の環境《かんきょう》と、誰《だれ》にも否定《ひてい》されない恵《めぐ》まれた人間関係が心地《ここち》よかったから。

高校時代にしたことは性同一性障害《せいどういつせいしょうがい》の診断書《しんだんしょ》をもらうことだけで、手術や治療《ちりょう》をして男になろうと本格的《ほんかくてき》に思いはじめたのは、高校を卒業し、大学に進学するために上京して、そこでうまくやっていけなかったときからだ。

それまでにやったことは、高校を卒業後、より男に近づくために、胸《むね》つぶし機能《きのう》のあるシャツ、通称《つうしょう》トラシャツを着はじめたことくらいだ。このシャツの存在《そんざい》は高校の図書館で読んだ本で知った。

ネットで検索《けんさく》したら大手の通販《つうはん》サイトで千〜二千円くらいで買うことができるということだったので、すぐに購入《こうにゅう》した。

届《とど》いたシャツは一見すると普通《ふつう》のタンクトップで、バスト部分の内側にさらしのような締《し》め付《つ》ける構造《こうぞう》の布《ぬの》がついている。ブラのホックみたいな部品が八個《こ》くらいついていて、それで強く閉《と》じるのだ。

最初は息苦しくて大変だったけど、これも毎日つけるとすぐに慣《な》れた。

今まで背中《せなか》を丸めて必死にごまかしていた胸《むね》が、少しの苦しさを我慢《がまん》すればいいだけで平らになるのはすごいことだったから、一度そのよさを知ってしまうと、シャツなしでは外に出られなくなった。

それでパス度（第三者から見て外見の性別《せいべつ》と心の性別がどれほど一致《いっち》していて社会に通用するかを示《しめ》す度合いのこと）がかなりあがったと、自分的には思って自信をつけていた。

でも大学は高校とはちがったのだ。

高校のときと同じノリで受け入れてもらえると思っていたぼくは、ゼミの新入生歓《しんにゅうせいかん》迎会《げいかい》で女の子の輪よりは男性側に立っていたのだけど、「男なの？　女なの？」と言われて言葉に詰《つ》まってしまった。

「女ならあっち行きなよ。」と言われたのはとてもショックだった。はたから見たらただの化粧《けしょう》っけのない女だったから当然といえば当然なのだけど。

そんなことがあってから少しして、男女どちらにもなじめなかったぼくは苦肉《くにく》の策《さく》でゼミの全員の前でカミングアウトしてしまった。

早まったと思う。カミングアウトは理解《りかい》してくれる人を見極《みきわ》めて慎重《しんちょう》にするものだ。大人数にするときは相応《そうおう》の覚悟《かくご》を持ってしなければならない。

それ以来、コソコソとこちらを見て何か言われるようになった。直接《ちょくせつ》話しかけられることもなくなって、コミュニケーションがとりにくくなった。

ゼミ以外の授業《じゅぎょう》でも、「あいつ女だけど男らしいぜ（笑）。」と言われたりした。失敗に終わったカミングアウトは、ますます浮《う》く原因《げんいん》になってしまい、ぼくはすぐに大学に行けなくなってしまった。

LGBTQ+《エルジービーティーキュープラス》のサークルにも何度か顔を出してみたけれど、皆《みな》しっかりと自己《じこ》を確《かく》立《りっ》していて、まだふわふわとしていたぼくはそこにもなじめなかった。

人生二度目の不登校は笑えなかった。

どこにも居場所《いばしょ》を作れず、休学。かといって祖父《そふ》のいる実家にも帰りたくなく、とりあえずバイトをがんばるかといろいろ探《さが》して本屋で働くことになったのだが、接客《せっきゃく》業《ぎょう》は向いておらず、すぐにやめた。

次は日雇《ひやと》いの単発で入れるバイト会社に登録して、いろいろな現場《げんば》に行った。ミカンやミニトマトの梱包《こんぽう》とか、花屋の母の日用のフラワーアレンジメントを作る仕事とか。

でもこれも接客のあるバイトを避《さ》けると家から遠い現場しかなく、通うのが大変で長続きしなかった。

最終的にいちばん長く続いたのは、ラブホテルの受付のバイトだった。

接客業ではあったものの、小さな窓口《まどぐち》から声だけでの対応《たいおう》だったし、お客さんもあまり会話は求めてこなかったので。

このバイトを通して、ぼくが今まで遠ざけてきた〝性《せい》〟というものは意外と身近にあるというか、ホテルに来る人にとっては普通《ふつう》のことらしいということを知った。かわるがわるやってくるお姉さんたちは、その性を生業《なりわい》としていたし、ここを訪《おとず》れるだいたいのカップルは仲睦《なかむつ》まじかった。

性教育の授業《じゅぎょう》以来、避《さ》けてきた性というものは忌避《きひ》するものではなく、日常《にちじょう》にあるものなのだということを知った。

それが自分にも関係することだと思うまではいかなかったけど。

東京に行ってよかったと思ったことのひとつ目は、LGBTQ+《エルジービーティーキュープラス》カフェに行ったことだ。

大学でLGBTQ+のサークルがあることを知って、ほかにもないかと探《さが》してみたら、いろいろあったのだけど、あまり興味《きょうみ》のないスポーツのサークルだったりして、和気あいあいとした感じになじめなそうで、なかなかその場に行く勇気がなかった。

ゆいいつ行くことができたのがそのカフェだった。

見た目は普通《ふつう》のオシャレなカフェで、メニューも変わったところがない。ちがうのは、壁一面《かべいちめん》の本棚《ほんだな》に並《なら》んでいるのがすべてLGBTQ＋《エルジービーティーキュープラス》関連の本であること。その著《ちょ》者《しゃ》が実際《じっさい》に訪《おとず》れた際のサインがあったりすること。

訪れた人が自由に書けるノートには、同性《どうせい》カップルが恋人《こいびと》と来ました！　なんて書いていた。そこにはLGBTQ＋の人たちが当たり前に存在《そんざい》していた。

よかったことのふたつ目は、住んでいる場所の近所の図書館に行ったときのこと。借りたい本を見つけて、図書カードを作ることになったのだけど、なんと通称名《つうしょうめい》で作ってもらえたのだ。

作るときに、名前と見た目の性別が合ってないと思われるのだろうな、と勝手に考えて、ダメ元で通称名での登録ができるのか聞いてみたところ、できた！

都会の図書館ってすごいと感動したのを覚えている。地元の図書館も聞いてみたらできるのかもしれないけど。

みっつ目は、自分の経験《けいけん》についてインタビューを受けたことだ。LGBTQ+《エルジービーティーキュープラス》の子どもたち向けの本を作っているという人に、学校生活で大変だったことや、つらかったことを話した。

忘《わす》れたかったことや、逃《に》げ出《だ》したかった時期の話をするのは苦しかったけど、できあがった本を読んだときはとても嬉《うれ》しかった。

自分の経験が誰《だれ》かの助けになるのだと知ることができた、いい機会だった。

東京は人が多くて、LGBTQ+の人たちが大勢《おおぜい》いて、いろいろな考え方があって、発見がたくさんあった。短い期間だったけど住むことができてよかったと思っている。

第11章

自分を変えていく

いいことはたくさんあったけど、また限界《げんかい》が来た。

東京に居続《いつづ》けるためになんとかがんばっていたバイトにすら行けなくなり、大学も退学《たいがく》。患《わずら》っていた鬱病《うつびょう》が悪化して、ただ生活することもままならなくなり結局地元に帰ることになった。

地元に帰って少しして、ぼくは男性《だんせい》ホルモン注射《ちゅうしゃ》での治療《ちりょう》を開始した。大学でどこにもなじめなかった経験《けいけん》から、男に見えるように変わらなければと思ったのだ。

二週間に一回くらいの頻度《ひんど》で注射を打ちはじめると、三か月くらいで生理が止まった。これはとても嬉《うれ》しかった。PMS《ピーエムエス》、生理痛《せいりつう》、ナプキンの不快感《ふかいかん》、そのすべてから解放《かいほう》されたから。

でも一か月くらい注射を打つ間隔《かんかく》が開くと生理が復活《ふっかつ》するので、今でも三週間に一回くらいの頻度で打ちに行っている。

ホルモン注射を打つと、心の男女比《だんじょひ》が変化すると感じる。定期的に打っているときは、七対三くらいで男性が多く、ちょっと間隔が開くと六対四になったり、五対五になったりする。

でも打たなくなっても四対六になったり、たとえば五対五でも女性《じょせい》が優勢《ゆうせい》になったりはしない。

治療開始前《ちりょうかいしまえ》と明確《めいかく》にちがうのは、ホルモンバランスが女性のものではなくなるから か、PMS《ピーエムエス》やそれに似《に》た精神状態《せいしんじょうたい》の悪化がなくなったことだ。

これはびっくりするくらい変わって、鬱病《うつびょう》の症状《しょうじょう》以外での周期的な大きな心の波がなくなった。

注射《ちゅうしゃ》を打ち続けて一年くらいすると、声もだいぶ低くなった。見た目はあまり変える気がなくて割《わり》と中性的なままだったけど、声が低いとパス度が段《だん》ちがいだということを実感した。

ちょうどこのころ、ぼくは体が女性で心が中性のFtX《エフティーエックス》の子と付き合いはじめた。FtXのXはXジェンダーのことで、男性、女性のいずれにも属《ぞく》さない性自認《せいじにん》を持つ人のことだ。ボーイッシュな見た目の子だった。

彼女《かのじょ》……というのはしっくりこないので、Ｃ《シー》さんとする。

Ｃさんは美術系《びじゅつけい》の学校に通っていて、素晴《すば》らしい絵を描《か》く人だった。ぼくは美術センスが全然ないから、すてきな絵を描くことのできるＣさんのことをとても尊敬《そんけい》していた。

遠距離《えんきょり》だったけど、Ｃさんを想《おも》い、日々を過《す》ごすのは楽しく、恋愛感情《れんあいかんじょう》か尊敬か憧《あこが》れかわからないまま付き合っていたけど、それでもちゃんとぼくなりに好きだった。

だけど、手をつなぐより先の身体的な接触《せっしょく》の段階《だんかい》になると嫌悪感《けんおかん》があり、それ以上のことはできなかった。

あるとき頭をなでられて、嫌《いや》だという気持ちが前面に出てしまい、気まずい雰囲気《ふんいき》になった。

そこから少しずつ、心の距離が開いて、別れるところまで行ってしまった。

好きだけど、相手の求めるものと、ぼくの求める恋愛の形がちがったみたいだった。

親友のような親愛のような、でもそれ以上の状態《じょうたい》が心地《ここち》よかったけど、Cさんはそうではなかったのだろう。

こうしてぼくのふたり目の恋人《こいびと》との関係は終わった。

そして中性的《ちゅうせいてき》な女の子として働いていたバイト先で声の変化を隠《かく》しきれなくなってきたころあいで、ある専門学校《せんもんがっこう》に入学しないかという話が出た。

妹がオープンキャンパスで訪《おとず》れた医療系《いりょうけい》の学校に歯科技工学科《しかぎこうがっか》があり、ぼくに向いているのではないかと母が勧《すす》めてくれたのだ。

特に夢《ゆめ》もなく、バイト先も変えたいと思っていたぼくにはちょうどいいタイミングだった。

試験も簡単《かんたん》ですんなりと入学は決まったけど、ひとつ問題が浮上《ふじょう》した。入学するころには中性的とはいえ見た目は男になっているわけで、本名のまま生活するのが難《むずか》しいのだ。先に考えておくべきだったけれど、とりあえず学校に通って親を安心させたい！　という一心、行き当たりばったりで生きていたので、すべてが決まってから気づいたのである。

ということで、通称名《つうしょうめい》で通うことができるのか、男性《だんせい》として通してもらえるのか、ダメ元で学校に問い合わせたところ、なんとそれで通わせてもらえることになった。

さすがは医療系《いりょうけい》というべきか、トランスに関して、じつに理解《りかい》があり寛容《かんよう》だった。名札と、クラスメイトが目にすることのある名簿《めいぼ》や資料《しりょう》はすべて通称名にしてくれた上に、即席《そくせき》の更衣室《こういしつ》を一室、ぼくのためだけに手配してくれた。今でも本当に感謝《かんしゃ》している。

そうして入学したのだけど、今度は意外とうまくなじむことができたと思う。クラスメイト十二人中八人が現役生《げんえきせい》ではなく、二十代〜三十代の大人だったのがよかったのかもしれない。

必要以上に他人に深入りしない、適度《てきど》な距離感《きょりかん》のクラスだった。

クラスは問題なかったけど、嫌《いや》なことはあった。ひとつ上の学年の先輩《せんぱい》たち（年齢《ねんれい》的《てき》には後輩だが）に呼《よ》び出《だ》されて、大学のときと同じように「男なの？　女なの？」

と聞かれたのだ。今回は男だと言ったが、おそらく信じてもらえていなかった。廊下《ろうか》ですれちがったときに壁《かべ》を蹴《け》って威嚇《いかく》されたし、こちらの驚《おどろ》いた反応《はんのう》を見てクスクスと笑われたりしたから。

この壁蹴りがぼくの人生初めての直接的《ちょくせつてき》に受けた暴力被害《ぼうりょくひがい》だった。できるだけ彼《かれ》らに鉢合《はちあ》わせしないようにして、卒業していくまで耐《た》え抜《ぬ》いたけど、そのストレスは神《しん》経《けい》をすり減《へ》らし、確実《かくじつ》にぼくの心にダメージを与《あた》えていった。

つねに気を張《は》っていることはとても疲《つか》れることだから。

特別に用意してもらった更衣室《こういしつ》も、裏《うら》を返せばひとりだけちがうところを使っているというわけで、男ではないという疑惑《ぎわく》の裏付けにもなってしまっていたし。

この性別《せいべつ》を疑《うたが》われる環境《かんきょう》で、もう一歩さらに性別移行《せいべついこう》を進めなければという気持ちになり、一年生の十二月に正式に戸籍上《こせきじょう》の名前を変更《へんこう》した。

申請《しんせい》に必要だったのは、下記のとおり。

・申立書（ネットで書式をダウンロードできる）

・戸籍謄本《こせきとうほん》
・収入印紙《しゅうにゅういんし》、郵便切手《ゆうびんきって》
・診断書《しんだんしょ》
・通称名《つうしょうめい》を使用していることがわかる書類

戸籍謄本などの公的な書類と、名前を変更《へんこう》する正当な理由と通称名を使っている実績《じっせき》の証明《しょうめい》が必要だった。費用《ひよう》は五千円もいかず、意外とお金はかからなかった。

名前を変更する正当な理由、これは性同一性障害《せいどういつせいしょうがい》であることを診断書を使って証明した。

通称名を使って生活している実績は、学校の名札と、友だちとの文通の手紙の宛名《あてな》を使った。メールのコピーや名刺《めいし》なども使えるらしい。

日ごろから友だちや家族の理解《りかい》が得《え》られるならば、通称名を使っておくと手続きがスムーズに進む。

家庭裁判所《かていさいばんしょ》に面談に行ったときには、裁判所ってどんなところなんだろうとドキドキしたりしたけれど、通されたのは普通《ふつう》の会議室という感じで、なんだか拍子《ひょうし》抜《ぬ》けした。

願いや思いをこめて名付けてくれた両親には少し申《もう》し訳《わけ》ない気持ちもあったけれど、自分で決めた名前で堂々《どうどう》と生きていくことができるというのはいいものだった。なんだかくすぐったいけれど、とてもすがすがしい気持ちになった。

しかし名前を変えて一歩先に進んだとはいえ、精神状態《せいしんじょうたい》はまだ少し悪いまま。そうして二年生になって、実習なんかをこなしたりしていたら、あっという間に冬になった。

国家試験を前にしたストレスと元から悪かった精神状態が合わさって最悪のコンディションになり、学校に行けない日が増《ふ》えた。

朝起きて、動けなくて、欠席の連絡《れんらく》をして、一日ベッドで過《す》ごす日が続いた。つくづく学校に行けない人生だけど、学校生活という普通のことをするには健全な精神が必要なのだ。

単位は先生たちが尽力《じんりょく》してくださったおかげで、ギリギリ足りて卒業できたけど、問題は国家試験のほうで、最悪のコンディションで万全《ばんぜん》な対策《たいさく》ができるわけもなく、当然、不合格《ふごうかく》だった。

一年生のときの担任《たんにん》の先生にも、二年生のときの担任の先生にも、ほかにも学科全体でたくさんのサポートをしてもらったのに期待に応《こた》えられなかった。

しかも不合格はクラスで自分だけ。合格率《ごうかくりつ》がめちゃくちゃ高い試験に落ちたというショックは大きく、ぼくはまた人生につまずいた。

第12章

もう一度、前を向いて

卒業後、もう一度国家試験を受ける気力も自信もなく、ぼくはまた引きこもりになった。

しばらく立ち直れなくて、一日中寝《ね》ていたりしていた。鬱病《うつびょう》も悪化して、全然頭が回らなくなって、物忘《ものわす》れがひどくなった。

具体例を挙げると、「お風呂《ふろ》に入ろうとしてタオルがないことに気づき、とりに行った先で何をしに来たか忘れ、お風呂場に戻《もど》りタオルがないことに気づく。」というのを三回くらい繰《く》り返《かえ》す。

そうしているうちに時間だけが過《す》ぎて社会復帰《しゃかいふっき》できる自信がまったくなくなってしまった。

アルバイトから何かはじめてみようかと思ったけれど、また失敗したら……と思うと踏《ふ》み出《だ》せなかった。次にまたつまずいたら、立ち直れず今度こそ生きる気力を失うと感じていたからだ。

そして長々と引きこもること二年、時間はあっという間に過ぎて、そろそろまずいぞという焦《あせ》りがピークに達したときにぼくはある決断《けつだん》をした。

精神障害者保健福祉手帳《せいしんしょうがいしゃほけんふくしてちょう》をとることにしたのだ。

というのも、精神障害者手帳があると、A型事業所《エーがたじぎょうしょ》という障害者支援施設《しょうがいしゃしえんしせつ》で働けるようになると聞いたからだ。実際《じっさい》には手帳は必須《ひっす》ではないらしい。

父がA型事業所でサポートの仕事についており、その存在《そんざい》は以前から知っていたが、それまでは自分には関係ないことだと思っていた。

しかし、社会復帰《しゃかいふっき》が難《むずか》しいこの状況《じょうきょう》を変えるのに、A型事業所に勤《つと》めるのはとてもいい案なのではないかとある日気づいたのだ。

頭が回らなくても、気分の浮《う》き沈《しず》みがあって体調が安定しなくても、まわりに理解《りかい》がある環境《かんきょう》であればやり直せるのではないかと。

そうひらめいてからぼくはすぐに、障害者手帳の申請《しんせい》をした。これは意外に簡単《かんたん》で、かかりつけの精神科医の診断書《しんだんしょ》と申請書の提出《ていしゅつ》であっさりと取得《しゅとく》することができた。

申請《しんせい》から二か月くらいして、無事に手帳を手にすることができ、ぼくは事業所探《さが》しをはじめた。

A型事業所《エーがたじぎょうしょ》のほかに、B型《ビーがた》事業所というところもあるのだが、B型はA型での就労《しゅうろう》が難《むずか》しい人が選ぶところで、賃金《ちんぎん》はあまりもらえない。

一方A型事業所は最低賃金が保証《ほしょう》されている。ということでぼくはA型事業所を選んだ。

幸いにも自転車で十分のところに事業所がふたつあり、見学の末、いい感じだなと思ったほうへ無事就労が決まった。

就労が決まった事業所の男女比《だんじょひ》は九対一くらいで、年齢《ねんれい》は四十歳《さい》以上の方が多かった。精神障害《せいしんしょうがい》の人がいちばん多くて、次に発達障害、身体障害といった感じだった。

作業内容《ないよう》は単純作業《たんじゅんさぎょう》が大半で、車の部品製造《ぶひんせいぞう》に使う不思議な形のスポンジの型抜《かたぬ》きとか、同じく車の部品らしい棒状《ぼうじょう》のスポンジを百本数えながら袋《ふくろ》に詰《つ》めるとか、百均《ひゃっきん》の商品の梱包《こんぽう》とかがあった。

就労時間《しゅうろうじかん》は十時から十五時、二時間働いて一時間休憩《きゅうけい》して二時間また働いて。簡単《かんたん》な作業を淡々《たんたん》と行う。

覚えることは少なく三日くらいで慣《な》れ、けっこううまく作業を進められたので褒《ほ》められることもあり嬉《うれ》しかった。下がりに下がった自己肯定感《じここうていかん》が少しずつ上がっていくのを感じた。無理のない仕事を無理のないペースでしていくことは、確実《かくじつ》にぼくの精《せい》神《しん》を安定させる助けになってくれた。

就労当初の目的であった、「休まず通う」は、最初は少し大変だった。まず、朝起きるのが大変。仕事に備《そな》えて前日は早く寝《ね》ているのに、朝起きるのがつらい。

どうにかして出勤《しゅっきん》を回避《かいひ》できないかということばかり考えてしまって、いつの間にか時間がたっている。

そうして仕事に行けず、気持ちが沈《しず》んだままベッドで一日過《す》ごす、なんてことが何回かあった。欠勤《けっきん》の連絡《れんらく》はしていただけ、昔より進歩していたけど。

なんとか起きて準備《じゅんび》にとりかかっても、嫌《いや》だなあという気持ちは大きくなるばかり。

具体的に何が嫌とかは特になくて、出勤《しゅっきん》したらその気持ちはだいぶマシにはなるんだけど。

仕事がはじまると、次はなんとかして帰りたいという気持ちが強くなる。腹痛《ふくつう》などを理由に仮病《けびょう》を使って帰りたくなる。

作業にはなんの滞《とどこお》りもなく問題もないのに、泣き出したくなって心細い気持ちに包まれる。それを必死でやり過《す》ごして家に帰ると、疲《つか》れ切《き》って何もできない。

それの繰《く》り返《かえ》しだったが、徐々《じょじょ》に仕事中の泣きたい気持ちは小さくなり、仕事を乗《の》り越《こ》えると退勤後《たいきんご》は明るく過ごすことができ、時間を有効《ゆうこう》に使えることに気づいた。

そうして一か月ほどたったときに、おそらく何かが満ちたのだと思う。

単純作業《たんじゅんさぎょう》は嫌《きら》いではないけれど、これを一生はやり続けられないだろうと思ったのである。これはとても前向きな変化で、先を見られる余裕《よゆう》ができたのだろう。

そこでぼくは、一日の就業時間《しゅうぎょうじかん》が五時間だけということを利用して何か資格《しかく》をとろうと決意した。履歴書《りれきしょ》に空白期間がある自分が就職《しゅうしょく》するには、なんらかの資格が必要だと思ったからだ。

しかし、就職につながるような資格をとるには学校に通うのが必須《ひっす》なのだが、学校にもう一度通うお金はない。

そのとき、一度なかったことにしたあの資格の世界が少し魅力的《みりょくてき》に映《うつ》った。学科の先生たちが尽力《じんりょく》してくれたおかげで、学校は卒業していたので、あとは国家試験に合格《ごうかく》すればいいというところまで来ていたからである。二年もたてば傷《きず》も少し癒《い》えて、同級生とも疎遠《そえん》になっていたから、やり直すための条件《じょうけん》もそろってきていた。

そこで久々《ひさびさ》に恩師《おんし》に連絡《れんらく》をとってみたところ、なんと合格までバックアップしてもらえることになった。もう一度目指してくれて嬉《うれ》しいと、足りないテキストを貸《か》し出《だ》してくれたり、模試《もし》を別室で受けさせてもらえたり、とても助けていただいた。

そうして十時から十五時まで働いて、その帰りに図書館で勉強する生活を八か月ほど続けた結果、無事に国家試験に合格《ごうかく》し、ぼくは資格《しかく》を手に入れた。

第13章

いらないものとさよなら

資格《しかく》も手に入れたし、就職先《しゅうしょくさき》でも探《さが》そうか……という前に、ぼくにはやりたいことがひとつあった。そろそろ胸《むね》オペ（乳房《ちぶさ》の除去手術《じょきょしゅじゅつ》）をしたいと思っていたのだ。

昔から邪魔《じゃま》には思っていたし、手術でとることができるのも知っていたけれど、なぜかあまりピンと来ていなかった。だけど、どんな環境《かんきょう》にいても胸があるままでは男として通すのに限界《げんかい》がある。それは今回の職場でも日々感じていたことだった。

でも手術をするとなればある程度《ていど》の休みが必要になる。なら次の仕事を探す前の今が最適《さいてき》なのではないかと思ったのだ。一年でお金も貯《た》まったし。

ということで、ぼくは胸オペをすることにした。

手術の体験談でよく聞くタイではなく、日本の病院で受けることにした。

胸部《きょうぶ》だけの手術だったのと、海外にひとりは心細かったのと、新型《しんがた》コロナの影響《えいきょう》で上がった渡航費《とこうひ》なんかもいろいろ合わせると費用《ひよう》があまり変わらなかったからだ。

手術までの道のりは意外と簡単《かんたん》だった。

何度か病院に通って、カウンセリングと検査《けんさ》をしたら割《わり》とすぐ手術になった。

その間だいたい三か月くらい。これは診断書《しんだんしょ》があったからかもしれないが、胸部《きょうぶ》の手術《しゅじゅつ》にあたっては必須《ひっす》ではないようだった。

どこかで得《え》たあいまいな知識《ちしき》で、胸《むね》の大きさは小さいほど手術にはいいと思っていたのだが、長年胸をつぶしていたことと、ホルモン注射《ちゅうしゃ》の影響《えいきょう》で縮《ちぢ》んだことはいいことではないらしい。先生いわく、縮んだ分はハリがなくなって、術後のたるみにつながるかもしれないとのことだった。

手術費用《しゅじゅつひよう》は諸々《もろもろ》含《ふく》めて七十万くらいだった。乳房切除《ちぶさせつじょ》は自由診療《じゆうしんりょう》になるので、だいたいこれくらいかかる。保険適用《ほけんてきよう》になることもあるけど、自由診療のホルモン治療と併用《へいよう》だと保険適用にはならないので注意が必要だ。

自分もやりたいなという人はよく調べてみてほしい。

さて手術当日。病室に通されて、手術着に着替《きが》えてしばらく待っていたら病室の隣《となり》にある手術室に案内された。

テレビなんかで見る大きな丸いライトがあるような大層《たいそう》なところではなく、もっと簡単《かんたん》な感じの場所で驚《おどろ》いた。天井《てんじょう》は学校の教室と同じ模様《もよう》だったし。

手術台《しゅじゅつだい》に自分で乗って、麻酔《ますい》をかけられて、意識《いしき》がもうろうとして、気づいたら手術は終わっていた。起きたとき、ものすごく寒くて歯がカチカチと鳴ったことが印象《いんしょう》に残っている。

意識がはっきりしてくると、胸元《むなもと》がバンドでガチガチに固められていることに気づいた。

痛《いた》みはなく、寒いことのほうが気になるほどだった。電気毛布《でんきもうふ》をつけてもらってぼーっとしていると、看護師《かんごし》さんが「とったものを見ますか?」と声をかけてくれた。

せっかくなので見てみることにしたのだが、なんというか「お高めのでかいステーキ肉」みたいな感じだった。眼鏡《めがね》をかけられなかったせいで、ぼんやりとしか見えなかったけど、本当にそんな感じで笑ってしまった。長年胸《むね》をつぶして生活していた影《えい》響《きょう》で、乳腺《にゅうせん》が平らになっていたのではということだった。

その日はしばらくぼんやりしたあと寝《ね》て、朝起きたらサンドイッチとヨーグルトの簡単《かんたん》な朝食が出て、診察《しんさつ》のあと帰路についた。

ぼくは母に迎《むか》えに来てもらえたが、術前《じゅつぜん》の説明によると自力で帰ることもできる。車の運転はNG《エヌジー》らしいので、電車やタクシーでだけど。

入院が一日で退院《たいいん》三日後にまた外来診療《がいらいしんりょう》があるが、それまでは家で過《す》ごしてもいいのが驚《おどろ》きだった。

胸回《むねまわ》りはバンドでしっかり固定されていて、脇《わき》の下《した》から管が出ていた。この管は患《かん》部《ぶ》から出る血液《けつえき》などを排出《はいしゅつ》するためのもので、先には輸血《ゆけつ》パックのような袋《ふくろ》がついていて、一日に一回そこにたまった液を出して捨《す》てる。

痛《いた》み止《ど》めの効果《こうか》か、胸部《きょうぶ》はほとんど痛みは感じず、痛いのは管の入り口のところで、この管と袋をつけて生活することのほうが厄介《やっかい》だった。あとは、バンドと肌《はだ》の間に汗吸収《あせきゅうしゅう》パッドを巻《ま》き付《つ》けていて、そこが蒸《む》れてとてもかゆかったのが強く印象《いんしょう》に残っている。手術は汗をかきにくい季節にするのがオススメだ。

三日後の診療《しんりょう》ではその管が抜《ぬ》かれたのだけど、それも痛《いた》みはなかった。じつは痛みに弱いタイプなので内心かなりビビっていたのだが、効果音《こうかおん》をつけるなら「ドゥルン」という感じですぐ抜けていって拍子抜《ひょうしぬ》けした。

ということでトータルして痛みは少なかった。

二週間くらいで抜糸《ばっし》も終わった。これも感覚がないから痛くなくて、パチパチと糸を切る音を聞いていたら終わった。術後経過《じゅつごけいか》もよかったので、二週間後、一か月後、三か月後、一年後と経過観察も順調に終わり、今は毎年一回検診《けんしん》に通っている。

最初は腕《うで》があまり上がらなかったけど、今は日常生活《にちじょうせいかつ》に支障《ししょう》なく動かせる。胸回《むねまわ》りは最初のうちは感覚がなかったけど、今はだいぶ戻《もど》ってきた。乳首《ちくび》の感覚は二年たった今もないけど。

施術部位《しじゅつぶい》は乳輪《にゅうりん》に沿《そ》ってメスが入ったので、よく見れば傷《きず》があるなというくらいまで目立たなくなった。

手術をしてよかったかどうかと聞かれたら、迷《まよ》いなく「よかった。」と答えられる。

締《し》め付《つ》ける下着を年中つける必要がなくなったし、気軽に薄着《うすぎ》になれるし、何より自信がついた。胸《むね》を張《は》って生きていけるようになることはぼくの人生を大きく変えてくれた。

胸があることがバレるかもしれないとおびえなくていいし、好きな服が選べるし、うつ伏《ぶ》せで寝《ね》ても邪魔《じゃま》じゃないし……いいことずくめだ。

後悔《こうかい》ではないけれど、早くやっとくべきだったな！　とは少しだけ思った。けどまあ、このタイミングがぼくのタイミングだったのだと思う。お金も時間も心もすべてそろったのがこのときだったのだから。

第14章

理《り》解《かい》ある職《しょく》場《ば》

胸《むね》オペが終わってパス度も上がって、自信もついた。

ということでぼくは仕事探《しごとさが》しをスタートした。

職場《しょくば》に求める条件《じょうけん》は、男性《だんせい》として働けるところ。そのためのカミングアウトは最低《さいてい》限《げん》の人間が望ましい。

とりあえずネット検索《けんさく》してみたものの、どこがいいのかさっぱりわからなかったので、こういうときは詳《くわ》しい人に聞いてみるのがいいと思って学校の先生に尋《たず》ねてみた。

そうすると、学校に来ている求人票を見せてもらえることになった。なり手も在学《ざいがく》生《せい》も少ない学科なので、求人が余《あま》っているのだ。

相談に乗ってもらいながらいろいろ見た結果、ふたつの医院に候補《こうほ》を絞《しぼ》ることができ、見学にも行けることになった。

ひとつ目は自費診療《じひしんりょう》に力を入れている医院で診療室が多く、従業員《じゅうぎょういん》も多いところ。

ふたつ目は昔から続く地域密着型《ちいきみっちゃくがた》の医院で、ひとりの先生で回せる小さめのところ。

ふたつとも家からは近く、同じくらいの距離《きょり》にある。

どちらもいいところだったけれど、ふたつ目の医院でのやりとりがよかったのでそこに決めた。

面接《めんせつ》の際《さい》、ここに決めようと思い、カミングアウトしようと思った。トランスであることを伝えたところ、「かわいい格好《かっこう》とかしていいよ！」という言葉が返ってきたのだ。男性物《だんせいもの》のスーツで行ったのでぼくがＦｔＭ《エフティーエム》とは逆《ぎゃく》のＭｔＦ《エムティーエフ》だと思ったのだと思う。逆なんですと言うと驚《おどろ》かれたから。

そういう言葉がフランクな感じで出てきたのがすごく印象的《いんしょうてき》で心地《ここち》よく、この先生なら大丈夫《だいじょうぶ》かもしれないと思わされた。なので、その流れで男性として働きたい旨《むね》も伝えた。それももちろんＯＫ《オーケー》で、割《わり》とあっさりとぼくの働きたい職場《しょくば》の条件《じょうけん》を満たしたところが見つかったのだった。

これだけ理解《りかい》があるのは、医療系《いりょうけい》の職場であることが関係しているのかなと思う。学校も医療系だからか、最初に相談したときの対応《たいおう》が早かったし、理解があった。このことを知っていたら、もっと早いうちからこの分野に進んでいたのにと思うくらいには。

ほかにも、小さめの医院で従業員《じゅうぎょういん》がほとんど女性《じょせい》というのも決め手になった。人が多いとどうしても否定的《ひていてき》な人の出現率《しゅつげんりつ》が高くなるから人数が少ないのはポイントが高い。

そして、人生の半分以上を女性として生きていたからか、ぼくは男性と関係を構築《こうちく》するのが苦手で、友だちも女の子しかいない。

なので、女性ばかりというのもなじみやすそうに感じたのだった。ほぼ入《い》れ替《か》わりで退職《たいしょく》されたぼくの前任《ぜんにん》の方は男性なので、自分がそこに入っても問題なさそうだったし。

こうして無事、院長先生にだけカミングアウトして、ほかの人には男性で通して働くことが決まった。

すぐに新しい人間関係にもなじむことができた。

みんなぼくがFtM《エフティーエム》だと気づいているかもしれないけど、何も言われないし、たぶんみんなぼくに必要以上の興味《きょうみ》を持っていない。興味を持たれるといろいろ追及《ついきゅう》されて、うまく立ち回ることができなくなって、最終的にそのコミュニティーを抜《ぬ》けることになることが多かった。だからこれはとてもいいことだし、嬉《うれ》しい。これからもこのままで過《す》ごせていけたらと思うので、日々自分にできることをがんばっている。

第15章

今のぼくで

と、ここまで書いてきたような感じで、ぼくの人生は今に至《いた》る。

いろいろなことがあったし大変だったけど、なんだかんだ後悔《こうかい》はしていない。これまでのすべてがあって、今のぼくがいると思うから。

とはいえ、もっと早くこうしていればと考えたことがなかったわけではない。

専門学校《せんもんがっこう》入学前に名前を変えていたらもっとスムーズだったかもとか、胸《むね》オペをもっと早くしていたら周囲《しゅうい》になじみやすかったのかもとか、いくつもある。

でも覚悟《かくご》が決まって、条件《じょうけん》がそろったのが二十代半ばだったのだから、それはそれでよかったと思っているのだ。

改名もホルモン治療《ちりょう》も手術《しゅじゅつ》も気軽にするものではないから、漠然《ばくぜん》と焦《あせ》っているという人がいたら一度落ち着いて考えてみてほしい。

名前は正当な理由があれば戻《もど》せるみたいだけど、治療と手術は不可逆《ふかぎゃく》だ。

もちろん、「即断即決《そくだんそっけつ》で行動してよかった！」という人もいるので一概《いちがい》には言えないけど……。

覚悟《かくご》ができていないという点で、ぼくはまだ子宮・卵巣摘出手術《らんそうてきしゅつしゅじゅつ》はしていない。臓器《ぞうき》を摘出するのがシンプルに怖《こわ》いのと、生殖機能《せいしょくきのう》のない人間になるのが未知の世界すぎるからだ。

ぼくは昔から〝普通《ふつう》〟というものに憧《あこが》れて生きてきて、普通になりたかったし、普通に生きたかった。

自覚前の小さいころに思《おも》い描《えが》いていた普通の人生のなかには「子どもを産む」というものが当たり前のようにあったくらいだ。

ライフプランのなかに組みこんでいる人も多いだろうし、子どもを産み育てることは世のなかで普通のこととされている。むしろいいこととされ、推奨《すいしょう》されてもいる。

だからその普通を、生殖機能を失うのが怖い。

子どもを産む予定はないけど、「できるけどしない」ことと「できない」ことは全然ちがうから。

病気でとか、そういう自分ではどうにもできない理由ではなくて、自分でその道を選ぶ覚悟《かくご》がまだできていない。

はたから見たら、トランスな時点で普通《ふつう》ではないのかもしれないけど、大事なのは自分のなかで納得《なっとく》して行動することだから、そこは特に問題ではないと思っている。普通について、生きやすい状態《じょうたい》について、長い間自分なりにいろいろ考えた結果ベストな状態が今のぼくだからこれでいい。

人にはそれぞれベストな状態があると思う。

そのままがいい人、見た目だけ変えられればいい人、いらないものをなくしたい人。いろんな人がいて、みんなそれでいい。そう思えるようになった。

たくさん考えて、行動した結果の今のぼくをけっこう気に入っているから、当分はこのままでいるつもりです。

ぼくのなかの普通が変わったら、また動き出そうと思います。

ぼくのオススメの本と映画

☆小説

『スヌスムムリクの恋人《こいびと》』野島伸司《のじましんじ》

本文第八章に出てきた、友だちに勧《すす》めた「セクマイが出てくる本」その1。

主人公の幼馴染《おさななじ》みの男の子が女の子になる過程《かてい》を描《えが》いています。無理して女の子と付き合って傷《きず》ついたり、まわりの理解《りかい》を得《え》て女子の制服《せいふく》を着て登校できるようになったり、性別適合手術《てきごうしゅじゅつ》を受けたり……。実際《じっさい》にあった話ではないけれど、リアルでかなり感情移入《かんじょういにゅう》できました。

『海辺《うみべ》のカフカ』村上春樹《むらかみはるき》

友だちに勧めた「セクマイが出てくる本」その2。

作中に大島《おおしま》さんというセクマイの人が登場します。体は女性《じょせい》、性自認《せいじにん》は男性、恋愛対象《れんあいたいしょう》も男性。つまりFtM《エフティーエム》ゲイかと思いきや、生理が一度も来たことがないというので、もしかしたら性分化疾患《せいぶんかしっかん》かもしれません。
彼《かれ》に出会ったとき、ぼくと似《に》た状態《じょうたい》の人がいる、と希望を持ちました。

☆漫画《まんが》

『しまなみ誰《た》そ彼《がれ》』鎌谷悠希《かまたにゆうき》
LGBTQ＋《エルジービーティーキュープラス》が集まる空き家再生NPO《さいせいエヌピーオー》を舞台《ぶたい》に、ゲイであることに悩《なや》み戸惑《とまど》う主人公が、いろいろなセクシュアリティーの登場人物とかかわることで、自分と向き合っていくお話です。
「そうそう、こういう気持ちになるんだよ。」「わかる。こういう悩みがあるんだよね。」そう思いながら読める漫画だと思います。
絵で表現《ひょうげん》される心理描写《しんりびょうしゃ》がきれいで、巧《たく》みです。言葉では表現しきれない衝撃《しょうげき》や心の動きを表してくれていて、直感的に感じとることができ、わかりやすいです。

『遠田《とおだ》おと短編集《たんぺんしゅう》　にくをはぐ』遠田おと

短編集《たんぺんしゅう》のなかの「にくをはぐ」というお話を紹介《しょうかい》します。

女性《じょせい》の体に違和感《いわかん》を持つ主人公が、余分《よぶん》な胸《むね》や子宮を猟師《りょうし》である父にさばいてとってもらう夢を見るシーンがあるのですが、そうした想像《そうぞう》に共感できるトランスの方は多いのではないかと思います。

また、親のことを大事に思っているからこそ、親の望《のぞ》む姿《すがた》になりたいという気持ちと、自分の人生を生きたいという思いとの葛藤《かっとう》に揺《ゆ》れ動《うご》く様子は、よく理解《りかい》できました。

セクマイでなくとも抱《いだ》く気持ちですが、トランスは特に心動かされる気がします。

☆ノンフィクション

『カミングアウト・レターズ　子《こ》どもと親《おや》、生徒《せいと》と教師《きょうし》の往復書簡《おうふくしょかん》』ＲＹＯＪＩ《リョージ》＋砂川秀樹《すながわひでき》編

子どもから親、生徒から先生への手紙でのカミングアウトを載《の》せている本です。ゲイ・レズビアンのメッセージが載っていますが、トランスやほかのセクマイ、またその関係者が読んでもためになると思います。

カミングアウトを早まって失敗した経験《けいけん》があるので、その前にこの本に出会っていたらなと思ったことがあります。

『先生《せんせい》と親《おや》のためのLGBT《エルジービーティー》ガイド　もしあなたがカミングアウトされたなら』遠藤《えんどう》まめた

セクマイについての基礎的《きそてき》な知識《ちしき》から教えてくれる本です。

同じ悩《なや》みを持っている人がいるんだと知ることで安心できたり、自分も気を付けて対応《たいおう》しようと意識が変わったりします。

当事者はもちろん、知ってほしい、理解《りかい》してほしい人に読んでもらうといい本だと思います。

『僕《ぼく》らは、自分《じぶん》の生《い》きたい人生《じんせい》を生《い》きることができる――GID《ジーアイディー》当事者《とうじしゃ》であるまえに、ひとりの人間《にんげん》として伝《つた》えたいこと――』澤岻良心《たくしりょうと》

違和感《いわかん》を抱《かか》えながら過《す》ごした学生時代、カミングアウト、ホルモン注射《ちゅうしゃ》をした際《さい》の変化、タイでの手術《しゅじゅつ》など、トランスの半生を追体験できます。

卵子《らんし》を保存《ほぞん》して、将来子《しょうらい》どもを持つ選択肢《せんたくし》を残すという道があることなど、自分では思いつかなかったことを知ることができてとても勉強になりました。

『オレの周《まわ》りの〝性別《せいべつ》が、ない！〟人《ひと》たち』新井祥《あらいしょう》

いろんなパターンのLGBTQ＋《エルジービーティーキュープラス》の人たちが出てくるエッセイ漫画《まんが》なので、ざっくり知りたい人にオススメです。

人生に対して悲観的だったぼくは、この本を読んで、セクマイでもこんなに楽しそうに生きている人がいるんだ、と勇気づけられました。

『学校《がっこう》では教《おし》えてくれない「セクマイ」の話《はなし》』新井祥

LGBTQ＋のいろんな悩《なや》みを扱《あつか》った章があり、FtM《エフティーエム》の服装《ふくそう》はどうしたらいいかという問題のところはリアルで、めちゃくちゃ共感できたし、一方でA《ア》セクシュアルという、他者に対して性的な欲求を抱《いだ》かないセクシュアリティーのことを扱う章では知らなかったことばかりで勉強になりました。

セクマイ先進国であるタイでの現地《げんち》レポートや、性別適合手術《せいべつてきごうしゅじゅつ》のインタビューの章もあって面白《おもしろ》いです。

『お母《かあ》さん二人《ふたり》いてもいいかな!?』中村《なかむら》キヨ（中村珍《なかむらちん》）
レズビアンのカップルが「婦妻《ふさい》」で子育てしているエッセイ漫画《まんが》です。
この本を読むたびに、「家族になるのに性別って関係ないんだ。」と思います。同性カップルの親だからこそ直面する出来事もあるけれど、子育てする上での大変さは変わらないように見えるからです。
自分が子どもを産むことはないと思っているので、親になることはなさそうですが、こういう形の家族もあることを知り、人生の選択肢《せんたくし》が増《ふ》えた気がして勇気がもらえます。

『男《おとこ》になりタイ！　私《わたし》の彼氏《かれし》は元《もと》オンナ』竹内佐千子《たけうちさちこ》
トランスとそのパートナーが性別適合手術を受けにタイに行ったレポート漫画です。
飛行機での移動《いどう》から、入院、手術、経過観察《けいかかんさつ》、退院《たいいん》まで……タイでするすべてのことが描《えが》かれています。

これをはじめて読んだときは、こんなに早く回復《かいふく》して退院《たいいん》できるもんなの？　と疑問《ぎもん》に思うところもありましたが、自分自身が乳房《ちぶさ》の除去手術《じょきょしゅじゅつ》を受けてみると「こんなもんかも。」と思うようになりました。

『生《う》まれる性別《せいべつ》をまちがえた！』小西真冬《こにしまふゆ》
タイで男性から女性への性別適合手術《せいべつてきごうしゅじゅつ》を受けたレポート漫画《まんが》です。

一日ずつ詳《くわ》しく描《か》かれているので、実際《じっさい》の術前術後の流れがよくわかります。

ＦｔＭ《エフティーエム》の場合は知っていたけど、その逆《ぎゃく》のＭｔＦ《エムティーエフ》の手術についてはよく知らなかったので勉強になりました。

性別が逆でも、いちばんポイントになるのは精神面《せいしんめん》なようで、乗《の》り越《こ》えるべき困難《こんなん》は一緒《いっしょ》なのだと感じました。

『花嫁《はなよめ》は元男子《もとだんし》。』ちぃ

男性《だんせい》から女性への性別移行《せいべついこう》をし、性別適合手術《せいべつてきごうしゅじゅつ》を受けて、戸籍《こせき》も変え、男性と結婚《けっこん》するまでを描《えが》いています。

戸籍の変更《へんこう》まで行くには、いろいろな条件《じょうけん》があり大変で、本当にそこまで行ける人がいるのかと思っていたときに出会った本です。

「自分の人生をあまり悲観しすぎるのはよくないな。」「前向きに生きていこう！」と思わせてくれました。

『男《おとこ》になりたい！』山岸《やまぎし》ヒカル

ぼくとはちがう、子どものころから明確《めいかく》に男だという自覚があった方のお話で、トランスの直面する困難《こんなん》や悩《なや》みを知ることができます。

自覚が早かったからこその苦悩《くのう》と、性的指向が女性だという場合の気持ちも知ることができて新鮮《しんせん》でした。

『ボクの彼氏《かれし》はどこにいる？』石川大我《いしかわたいが》

会話文がリアルで、ゲイであることの葛藤《かっとう》や悩《なや》みをより一層《いっそう》感じることができます。常《つね》に情報《じょうほう》に飢《う》えていて、ネットにのめりこんでいくところはとても共感できました。文庫版《ぶんこばん》書き下ろしの、カミングアウトは「理解《りかい》し合うプロセスのはじまり」だというところには、「そのとおりだ！」と衝撃《しょうげき》を受けました。

『アキラ　性同一性障害《せいどういつせいしょうがい》の子《こ》を持《も》つということ』長谷川眞弓《はせがわまゆみ》

親の気持ちが知りたいと思って読んだ一冊《いっさつ》です。

自分が原因《げんいん》なのではないかと己《おのれ》を責《せ》めたり、混乱《こんらん》したり、なかなか受け止められないことがあると知って申《もう》し訳《わけ》ない気持ちもわきましたが、知れてよかったと思います。

相手があんまり理解してなさそうだな、というときも、「もしかしたらこの人は今混乱しているのかもしれない。」とちがう視点《してん》で考えることができるようになりました。

☆映画《えいが》

『リリーのすべて』

世界で初めて男性《だんせい》から女性への性別適合手術《せいべつてきごうしゅじゅつ》を受けた人の実話をもとにした映画《えいが》です。同性愛が病気とされていた1920年代、もちろんトランスが受け入れられるはずもなく……。

男という役割《やくわり》を演《えん》じて、結婚《けっこん》もしていた主人公が妻《つま》の協力のもと、性別移行《せいべついこう》を経《へ》て手術に踏《ふ》み切《き》るまでの流れは自分にも共通するところがあり、共感できました。

性別移行により自信を持っていたらじつは男だと見破《みやぶ》られていて自信を無くすところは、とても身に覚えがありリアルでした。

『彼《かれ》らが本気《ほんき》で編《あ》むときは、』

育児放棄《いくじほうき》された主人公の女の子が、身を寄《よ》せた叔父《おじ》の家で待っていたのは、昔男性だった女性でした。

自分の体と心の不一致《ふいっち》に悩《なや》んだこと、女性として生きることを決意して手術を受けたこと、戸籍《こせき》を変えようと思っていること、差別や偏見《へんけん》の目にさらされること。

トランスが直面する問題をわかりやすく扱《あつか》ってくれている作品です。ノベライズもあるのでそちらもオススメです。

『ミッドナイトスワン』

女性《じょせい》として生きるトランスの主人公のもとに、育児放棄《いくじほうき》された親戚《しんせき》の子どもがやってきます。

この映画《えいが》は、性別移行《せいべついこう》の大変さや、トランスが社会になじむのに苦労するところをよく描《えが》いている作品だと思いました。

すれちがうだけの人に好奇《こうき》の目で見られること、自分の本名を受け入れられず戸惑《とまど》う場面、なんで自分だけこんなにつらいのかと悲しくなること……。

多くのトランスが感じたことのあることがたくさん詰《つ》まっています。

『君《きみ》の名前《なまえ》で僕《ぼく》を呼《よ》んで』

男同士《どうし》の同性愛をテーマにした映画《えいが》です。

同性愛に対して肯定的《こうていてき》な内容《ないよう》なので、あまりストレスなく見ることができます。

最後のほうの主人公に向けた父の言葉が印象的《いんしょうてき》で、そこだけでも見る価値《かち》があります。結末は時代的にしょうがないのかな……と思いますが、今の時代をよりよく感じることができるようになる気がします。

『**his**《ヒズ》』
ゲイの主人公のもとに、昔別れた彼氏《かれし》が子どもを連れて戻《もど》ってきました。同性愛者《どうせいあいしゃ》への偏見《へんけん》や、それにともなう煩《わずら》わしい人間関係。そういうものから離《はな》れて生きていこうとしていた主人公が、元カレとその子どもを通してもう一度世間と向き合っていこうとします。子どもをふたりで育てていこうと決意するも、現実《げんじつ》はなかなか難《むずか》しくて……。リアリティーあふれる一作です。

『**キャロル**』
女同士《どうし》の同性愛をテーマにした映画《えいが》です。

1950年代を舞台《ぶたい》に、異性《いせい》のパートナーがいる女性ふたりが出会って恋《こい》に落ちるお話です。同性愛が許《ゆる》されていなかった時代なので、ふたりは〝普通《ふつう》〟に男性と付き合ったり、結《けっ》婚《こん》して子どもを持ったりしています。

差別的な発言や表現《ひょうげん》が少ないので、あまりストレスなく見られると思いました。

ぼくのオススメの本　一覧

『スヌスムムリクの恋人』
野島伸司（小学館）

『海辺のカフカ（上）（下）』
村上春樹（新潮社）

『しまなみ誰《た》そ彼《がれ》（全4巻）』
鎌谷悠希（小学館）

『遠田おと短編集　にくをはぐ』
遠田おと（集英社）

『カミングアウト・レターズ
子どもと親、生徒と教師の往復書簡』
RYOJI＋砂川秀樹編（太郎次郎社エディタス）

『先生と親のためのLGBTガイド
もしあなたがカミングアウトされたなら』
遠藤まめた（合同出版）

『僕らは、自分の生きたい人生を生きることができる
―GID当事者であるまえに、ひとりの人間として伝えたいこと―』
澤岻良心（ゴマブックス）

『オレの周りの"性別が、ない!"人たち
～新井祥のセクマイ交遊録～』
新井祥（ぶんか社）

『学校では教えてくれない「セクマイ」の話』
新井祥（ぶんか社）

『お母さん二人いてもいいかな!? レズビアンのママ生活』
中村キヨ（中村珍）（KKベストセラーズ）

『男になりタイ! 私の彼氏は元オンナ』
竹内佐千子（KADOKAWA）

『生まれる性別をまちがえた!』
小西真冬（KADOKAWA）

『花嫁は元男子。』
ちぃ（飛鳥新社）

『男になりたい!』
山岸ヒカル（KADOKAWA）

『ボクの彼氏はどこにいる?』
石川大我（講談社）

『アキラ 性同一性障害の子を持つということ』
長谷川真弓（ミリオン・スマイル）

江里《えざと》ユウキ
20代、FtM。
性別で迷うすべての人たちへ。
こういう人もいるんだと、安心したり、参考にしたりしてもらえたら
と思い書きました。

装丁／大岡喜直（next door design）

カバー・表紙・本文イラスト／北村みなみ

ＦｔＭ《エフティーエム》トランスジェンダーの
ぼくのことを話《はな》そう

2025年４月７日　第１刷発行

著　者　江里《えざと》ユウキ
発行者　安永尚人
発行所　株式会社講談社
東京都文京区音羽2-12-21　郵便番号112-8001
電話　編集 03（5395）3536
販売 03（5395）3625
業務 03（5395）3615
N.D.C.916　172p　20cm
カバー・表紙印刷　共同印刷株式会社
本文印刷　株式会社ＫＰＳプロダクツ
製本所　大口製本印刷株式会社
本文データ制作　講談社デジタル製作

この作品は書き下ろしです。

ISBN978-4-06-539064-1

泣いちゃうわたしと泣けないあの子

倉橋燿子／著

わたしだって、変われるんだ。

なにかというとすぐに涙が出てきてしまう中1のメイ。
明るくて積極的なクラスメイトのリン。
正反対な二人がすれちがいをのりこえて、強いきずなでむすばれていく——。

四六判／小学校上級・中学から
定価：本体1500円（税別）